KINZAI バリュー叢書

会社法入門

栗原 脩 [著]

一般社団法人 金融財政事情研究会

■はしがき

　現代の経済を支える制度として最も重要なものの1つは、株式会社である。各国における19世紀半ば以降の株式会社の普及と発展は、誠に目を見張るものがある。そうであるがゆえに、株式会社が本来期待されている役割を果たしているのか、利害関係者（ステークホルダー）や経済社会全般に好ましくない影響を与えていないかどうかが重大な関心事となる。コーポレート・ガバナンスや企業の社会的責任をめぐる議論が活発に行われているのも、このような事情を反映するものであろう。

　株式会社の基本的な仕組みを規定するのは、会社法である。わが国では明治期における商法の制定以来、そのなかに会社についての規律が置かれてきたが、平成17年に単独の法律として会社法が制定された。平成26年の会社法改正（平成27年5月施行）は、会社法制定後初めての本格改正であるが、施行後の経験をふまえるものであるとともに、株式会社のあり方に対する現時点の問題意識に基づくものである。

　会社法は膨大な法律であり、先般の改正でさらに条文数が増加したが、この法律を理解するためには制度の骨格と基本的な法理を把握することが重要である。本書は、会社法を体系的に説明するとともに、その基底にある法理の理解の一助となることを目的としている。その観点から、株式会社の歴史について概観し、またコラムや脚注によって本文の記述を補うこととした。

本書は、月刊「産業新潮」に2014年1月号から2015年5月号まで17回にわたり「ビジネスパーソンのための会社法入門」と題して掲載した内容を骨格とし、その際に取り上げることのできなかったテーマやその後の法令改正を織り込みつつ加筆したものである。この機会に、株式会社産業新潮社代表取締役社長の伊藤千恵氏、連載に際して種々のご助言を頂戴した大澤佳雄氏にあらためて感謝の意を表する次第である。なお、本書のうち意見にわたる部分は著者の個人的見解であり、著者が所属する法律事務所などの組織とは無関係であることを念のため付言しておきたい。また、本書の性格および紙幅の制約から、参考文献のうち出版社・論文掲載誌の名称・該当頁などを省略したものがあることをお断りしておきたい。

　今回、この本にまとめるにあたっては、一般社団法人金融財政事情研究会出版部の伊藤雄介氏に大変お世話になった。この場を借りて御礼申し上げる。

2015年9月

栗原　脩

凡　例

1　法令の略記

　本文中において、会社法の条文は条数のみで表示する。会社法施行規則は「施行規則」、会社計算規則は「計算規則」、社債、株式等の振替に関する法律は「振替法」と略する。

2　文　　献

一問一答	相澤哲編著『一問一答　新・会社法』（改訂版）（商事法務、2009）
一問一答（2014）	坂本三郎編著『一問一答　平成26年改正会社法』（商事法務、2014）
伊藤＝大杉＝田中＝松井	伊藤靖史＝大杉謙一＝田中亘＝松井秀征『会社法』（第3版）（有斐閣、2015）
稲葉	稲葉威雄『会社法の解明』（中央経済社、2010）
江頭	江頭憲治郎『株式会社法』（第6版）（有斐閣、2015）
大隅＝今井＝小林	大隅健一郎＝今井宏＝小林量『新会社法概説』（第2版）（有斐閣、2010）
落合	落合誠一『会社法要説』（有斐閣、2010）
神田	神田秀樹『会社法』（第17版）（弘文堂、2015）
神田・入門	神田秀樹『会社法入門（新版）』（岩波新書、2015）
近藤	近藤光男『最新株式会社法』（第8版）（中央経済社、2015）
宍戸	宍戸善一『ベーシック　会社法入門』（第7版）（日本経済新聞出版社、2015）

鈴木	鈴木竹雄『新版　会社法』(全訂第5版)(弘文堂、1994)
鈴木＝竹内	鈴木竹雄＝竹内昭夫『会社法』(第3版)(有斐閣、1994)
商法判例集	山下友信＝神田秀樹編『商法判例集』(第6版)(有斐閣、2014)。カッコ内の西暦表示は当該判決・決定の年を示す。
争点	浜田道代＝岩原紳作編『会社法の争点』(有斐閣、2009)
大系	江頭憲治郎編『株式会社法大系』(有斐閣、2013)
竹内	竹内昭夫、弥永真生補訂『株式会社法講義』(有斐閣、2001)
龍田	龍田節『会社法大要』(有斐閣、2007)
判例百選	江頭憲治郎＝岩原紳作＝神作裕之＝藤田友敬編『会社法判例百選』(第2版)(有斐閣、2011)。カッコ内の西暦表示は当該判決・決定の年を示す。
前田	前田庸『会社法入門』(第12版)(有斐閣、2009)
森本	森本滋『会社法・商行為法・手形法講義』(第4版)(成文堂、2014)
弥永	弥永真生『リーガルマインド　会社法』(第14版)(有斐閣、2015)
論点解説	相澤哲＝葉玉匡美＝郡谷大輔編著『論点解説　新・会社法』(商事法務、2006)

(注)　英文の文献名称につき、通常の表記は書名、イタリックによる表記は論文名。

目　次

第 1 章
株式会社の基本的特質

1　会社法の制定・意義 …………………………………… 2
(1)　会社法の制定 ………………………………………… 2
(2)　会社法の意義 ………………………………………… 2
2　株式会社の基本的特質 ………………………………… 4
　　◆コラム　株式会社の発展段階 ……………………… 11

第 2 章
株式会社の歴史

1　海外における株式会社の歴史 ………………………… 14
(1)　近代株式会社の起源 ………………………………… 14
　　◆コラム　古代の共同事業組織 ……………………… 19
(2)　フィナンシャル・バブルとその崩壊 ……………… 19
(3)　準則主義の採用と有限責任の一般化 ……………… 21
(4)　米国における株式会社の発展 ……………………… 24
2　わが国における株式会社の歴史 ……………………… 28
(1)　株式会社の普及と混乱 ……………………………… 28
(2)　商法の制定 …………………………………………… 33
(3)　戦前の商法改正 ……………………………………… 36

第 3 章
株式会社の設立

- 1　設立の意義 ……………………………………………… 38
- 2　設立手続 ………………………………………………… 40
  - (1)　定款の作成 ………………………………………… 40
  - (2)　定款の記載事項 …………………………………… 41
  - (3)　定款の備置き・閲覧 ……………………………… 44
  - (4)　株式の引受け ……………………………………… 44
  - (5)　出資の履行 ………………………………………… 45
  - (6)　設立時役員等の選任 ……………………………… 46
  - (7)　設立経過の調査 …………………………………… 47
- 3　設立の登記 ……………………………………………… 48
- 4　設立中の法律関係・違法な設立・設立に関する責任 …… 49
  - (1)　設立中の法律関係 ………………………………… 49
  - (2)　違法な設立 ………………………………………… 50
  - (3)　設立に関する責任（刑事罰など）………………… 51
  - (4)　設立に関する責任（民事責任）…………………… 51

第 4 章
株　　式

- 1　株式の意義 ……………………………………………… 54
  - (1)　株式という仕組み ………………………………… 54

	(2)	エクイティとデット ………………………………… 55
	(3)	株主の義務と権利 …………………………………… 57
		◆コラム　自益権と共益権 ………………………………… 59
	(4)	株主の平等な取扱い ………………………………… 60
	(5)	株主の権利行使に関する利益供与の禁止 …………… 61
2	株式の消却・併合・分割・無償割当て …………………… 63
	(1)	株式の消却 …………………………………………… 63
	(2)	株式の併合 …………………………………………… 63
	(3)	株式の分割 …………………………………………… 65
	(4)	株式無償割当て ……………………………………… 66
3	単元株制度 ……………………………………………… 67
	(1)	意　　義 ……………………………………………… 67
	(2)	単元未満株式の買取り・売渡し ……………………… 68
4	株券・振替制度 ………………………………………… 69
	(1)	株券の意義 …………………………………………… 69
	(2)	株券発行会社 ………………………………………… 70
	(3)	株券不発行会社 ……………………………………… 70
	(4)	振替制度 ……………………………………………… 71
5	株主名簿 ………………………………………………… 74
	(1)	意　　義 ……………………………………………… 74
	(2)	基　準　日 …………………………………………… 75
	(3)	名義書換え …………………………………………… 75
	(4)	株主への通知・催告 ………………………………… 76
6	株式の譲渡・担保差入れ ………………………………… 77

目　次　vii

(1)	株式譲渡の意義	77
(2)	株式譲渡の制限	78
(3)	株式の担保差入れ	82
7	自己株式	84
(1)	規制の経緯	84
(2)	自己株式の取得事由	84
(3)	自己株式の保有・消却・処分	86
8	株式の内容と種類	87
(1)	意　　義	87
(2)	種類株式	88

第 5 章

株式会社の機関

1	機関設計	96
(1)	意　　義	96
(2)	機関設計の選択肢	97
2	株主総会	100
(1)	権　　限	100
(2)	招　　集	101
(3)	株主の提案権	102
(4)	議 決 権	104
(5)	議事運営	106
(6)	説明義務	107

(7)	決　　議	108
(8)	議　事　録	109
(9)	決議の取消し・無効	109
	◆コラム　株主総会の意義	111

3　取締役・取締役会 … 113
(1) 取締役の役割 … 113
(2) 取締役の選任・解任 … 114
　　◆コラム　取締役の選任権 … 116
(3) 取締役会 … 116
(4) 代表取締役 … 119
(5) 社外取締役 … 120
　　◆コラム　コーポレート・ガバナンスと取締役会 … 122

4　監査役・監査役会 … 123
(1) 概　　要 … 123
(2) 監査役の権限 … 125
(3) 監査役の一般的義務 … 126
(4) 取締役会での意見陳述義務 … 126

5　指名委員会等設置会社 … 128
(1) 意義・沿革 … 128
(2) 取締役・取締役会 … 129
(3) 委員会の構成・権限 … 129
(4) 執　行　役 … 131

6　監査等委員会設置会社 … 132
(1) 概　　要 … 132

(2)	監査等委員会の権限 ………………………………………	134
(3)	取締役会の権限 ……………………………………………	134

7　会計参与 ……………………………………………………… 136

8　会計監査人 …………………………………………………… 138
- (1) 意　義 ……………………………………………………… 138
- (2) 選任・解任 ………………………………………………… 138
- (3) 権限・義務 ………………………………………………… 139

9　取締役と会社との関係 ……………………………………… 141
- (1) 取締役の一般的な義務 …………………………………… 141
  - ◆コラム　忠実義務について ……………………………… 144
- (2) 利益相反行為の規制 ……………………………………… 145

10　取締役の損害賠償責任 ……………………………………… 151
- (1) 会社に対する責任 ………………………………………… 151
- (2) 第三者に対する責任 ……………………………………… 155
  - ◆コラム　429条1項の責任の性格 ………………………… 157

11　株主代表訴訟・差止請求 …………………………………… 159
- (1) 株主代表訴訟 ……………………………………………… 159
- (2) 多重代表訴訟（特定責任追及の訴え） ………………… 164
- (3) 差止請求権（違反行為の差止め） ……………………… 165

第6章

資金調達

1　株式会社の資金調達 ………………………………………… 168

2 株式による資金調達 ……………………………………… 170
  (1) 意　　義 ……………………………………………………… 170
  (2) 増資の形態 …………………………………………………… 172
  (3) 発行手続 ……………………………………………………… 174
  (4) 株式発行の瑕疵 ……………………………………………… 180
3 新株予約権 ………………………………………………… 183
  (1) 意義・沿革 …………………………………………………… 183
  (2) 発行手続 ……………………………………………………… 184
  (3) 新株予約権の譲渡 …………………………………………… 187
  (4) 新株予約権無償割当て ……………………………………… 187
  (5) 新株予約権の行使 …………………………………………… 188
  (6) 有利発行 ……………………………………………………… 188
  (7) 違法発行などに対する措置 ………………………………… 189
4 社債による資金調達 ……………………………………… 190
  (1) 意　　義 ……………………………………………………… 190
  (2) 社債の種類と法的規整 ……………………………………… 191
  (3) 社債の発行手続 ……………………………………………… 192
  (4) 社債権者の権利 ……………………………………………… 196
  (5) 社債の管理 …………………………………………………… 198
  (6) 社債管理者 …………………………………………………… 199
    ◆コラム　710条による社債管理者の責任 …………………… 202
  (7) 社債権者集会 ………………………………………………… 203
5 新株予約権付社債 ………………………………………… 208
  (1) 概　　要 ……………………………………………………… 208

(2) 発行手続 ………………………………………………… 209

第 7 章
株式会社の計算

1　計算の意義・会計原則 ………………………………… 214
(1) 計算の意義 ………………………………………… 214
(2) 会計原則 …………………………………………… 215
2　会計帳簿と閲覧等の請求 ……………………………… 216
(1) 会計帳簿 …………………………………………… 216
(2) 帳簿閲覧請求権 …………………………………… 216
3　計算書類 ………………………………………………… 219
(1) 意　義 ……………………………………………… 219
(2) 貸借対照表 ………………………………………… 219
(3) 損益計算書 ………………………………………… 220
(4) 株主資本等変動計算書 …………………………… 221
(5) 個別注記表 ………………………………………… 221
(6) 事業報告 …………………………………………… 221
(7) 附属明細書 ………………………………………… 222
4　計算書類等の作成・監査・承認等 …………………… 223
(1) 計算書類等の作成・監査 ………………………… 223
(2) 計算書類等の承認 ………………………………… 224
(3) 決算公告 …………………………………………… 225
(4) 臨時計算書類 ……………………………………… 225

(5) 連結計算書類 ……………………………………………… 226
5 資本金・準備金 …………………………………………………… 227
 (1) 意　　義 …………………………………………………… 227
 (2) 資本金の額の減少・増加 ………………………………… 228
 (3) 準備金の額の減少・増加 ………………………………… 230
6 剰余金の配当 ……………………………………………………… 231
 (1) 剰余金の概念 ……………………………………………… 231
 (2) 剰余金の配当の手続 ……………………………………… 232
 (3) 分配可能額 ………………………………………………… 234
 (4) 事後の欠損填補責任 ……………………………………… 236
 (5) 刑事責任 …………………………………………………… 236

第 8 章

定款の変更

(1) 定款変更の意義 ……………………………………………… 238
(2) 手　　続 ……………………………………………………… 238
(3) 効力・登記 …………………………………………………… 239
　◆コラム　流通市場で株式を買う一般株主の視点 …………… 240

第 9 章

解散・清算

(1) 解散・清算の意義 …………………………………………… 242

| (2) | 解　　散 | 243 |
| (3) | 清　　算 | 245 |

第 10 章
組織再編等

1	組織再編等の意義	250
2	事業の譲渡等	251
(1)	意　　義	251
(2)	事業譲渡等の手続	252
(3)	事後設立	254
(4)	個別財産の移転手続	254
3	合　　併	255
(1)	意　　義	255
(2)	合併の対価	256
(3)	合併の手続	257
(4)	合併の差止め・無効	264
4	会社分割	267
(1)	意　　義	267
(2)	会社分割の効果	269
(3)	会社分割の手続	270
(4)	会社分割の差止め・無効	274
(5)	詐害的会社分割	274
5	株式交換と株式移転	275

(1) 意　　義 …………………………………………… 275
　　(2) 株式交換・株式移転の効果 ……………………… 276
　　(3) 株式交換・株式移転の手続等 …………………… 277
　6　組織変更 ………………………………………………… 278
　　(1) 意　　義 …………………………………………… 278
　　(2) 組織変更の手続 …………………………………… 278
　　(3) 登記・無効 ………………………………………… 279
　7　特別支配株主の株式等売渡請求 ……………………… 280
　　(1) 意　　義 …………………………………………… 280
　　(2) 手続・効力発生等 ………………………………… 281
　　(3) 売買価格決定の申立て …………………………… 283
　　(4) 差止め・無効 ……………………………………… 283

事項索引 ……………………………………………………… 285

第1章 株式会社の基本的特質

1 会社法の制定・意義

(1) 会社法の制定

　会社法は、平成17年7月に制定され、平成18年5月に施行された。わが国では明治期における商法典制定以来、商法のなかに会社編が置かれてきたが、その部分を取り出して新たに単独の法律として制定されることになった。その際に、有限会社法や商法特例法などが廃止され、会社法に統合された。有限会社と株式会社の統合は、株式会社の規定の仕方を大きく変えるものとなった。

　平成26年には、会社法制定以来はじめての実質的、かつ、大幅な改正が行われた[1]。同改正は、平成27年5月1日に施行された。

(2) 会社法の意義

　会社法1条は、「会社の設立、組織、運営及び管理については、他の法律に特別の定めがある場合を除くほか、この法律の

---

[1] 法制審議会は、法務大臣の諮問（2010年2月）を受けて「会社法制部会」（部会長：岩原紳作東京大学教授（当時））を設置して審議し、2012年9月、「会社法制の見直しに関する要綱」を決定し、法務大臣に答申した。この要綱に基づいて改正法案が策定され、2013年11月に国会に提出され、2014年6月に成立した。

定めるところによる。」と規定する。会社法が会社の基本法であるという趣旨を定めるものである。

　株式会社は、会社の基本規則である定款の作成、株主となる者の出資、会社の機関として必要なものを備えることによってその実体が形成され、設立登記によって会社が成立することに始まる。会社法は、会社が適切に運営・管理されることに資することを主眼とした規律の体系である。

　会社法は、株式会社と持分会社（合名会社、合資会社、合同会社）について規定する。株式会社と持分会社が会社の類型であり、株式会社、合名会社、合資会社および合同会社の4つが会社の種類である。持分会社のうち、合同会社は会社法により新たに導入されたものである。

　会社法の構成をみると「第2編　株式会社」が全体の条文の過半を占める。また、第4編以下についても、その多くが株式会社に関する規定であるから、株式会社に関する規律が会社法の大部分を占めていることになる。

　今日の経済社会においては、圧倒的に株式会社が重要である。本書では、株式会社を対象として記述し、持分会社については関連箇所で触れる程度にとどめることとする。以下、文脈により、「株式会社」の意味で単に「会社」という場合がある。

2 株式会社の基本的特質

　共同で事業を行う場合の組織形態としては、会社のほかに、民法上の組合、有限責任事業組合、匿名組合、信託などがある。事業の性格・規模にあわせてそれに適した組織形態が選択されることになるが、今日の経済社会では会社形態、なかでも株式会社が共同事業のための組織形態として支配的な役割を有している。

　現行の会社法のもとでは、発起人が1人でも株式会社を設立することができ、また株主が1人の株式会社（一人会社）も認められている。一方、100万人を超える株主が存在する会社もある。このように規模もさまざまで多様な株式会社を同じ法律で取り扱うことができるというのは、ある意味で驚くべきことである[2]。また、既存の会社同士が合併契約を締結して株主総会の承認を得るなどの所定の手続をとれば1つの会社となり、それまでは別々の会社に所属していた人員や財産が1つになって活動するというのも、何か不思議な感じがしないでもない。

2　現行の英国会社法（2006年法）の立法過程において、会社の規模などに応じて法律を分けることをしないという選択をしたのは、会社の類型を分けて定義することの問題および会社の成長に伴う（法律間の）移行に困難を伴うことによるものであった。そして1つの統合された会社法を志向することになった（B. Hannigan, Company Law（3rd edition, 2012), p.22）。

このように拡張可能性や変化への対応力を有している制度として、株式会社という仕組みは実によくできているといえる[3]。これは、近代的な株式会社の形成（およびその前史）以来の時の経過の所産でもある。株式会社の歴史については第2章で述べるが、ここでは株式会社の広範な普及を可能にしたその基本的特質について考えてみることにしたい。

　株式会社の基本的特質について、どの点に着目するかは論者によって若干の違いがあるが、以下の6点をあげることができるであろう[4]。

a　法 人 格

　株式会社は、法人格を有する[5]。法人格は法律によって付与されるものであり、3条がこのことを規定する。会社は、その名において権利を有し義務を負うことになり、権利・義務の帰属が簡明になる（法人は権利義務の帰属点）。また、会社自らの

---

[3] 「今日我々が、「株式会社」という名称をもって呼んでいる制度は、経済的および法的分野における人類の技術的発明的天才の所産である。そうしてこの種の天才は株式会社についてはあらゆる経済的法的制度の場合と同様に、特定の一個人によって発揮されたものではなく、個人的社会的な必要にもとづいて一定の社会の集団的な努力の結果として実現したのである。」（田中耕太郎「株式会社法序説」（『株式会社法講座　第1巻』（有斐閣、1955）所収）。

[4] 神田・入門4頁以下、神田26頁以下およびR. R. Kraakman et al., The Anatomy of Corporate Law（2nd edition, 2009。神田教授が共同執筆者の1人。以下「Anatomy」という）参照。

[5] 法人格否認の法理がある。明文の規定はないが判例によって認められてきたもので、当該事案限りで必要な範囲において法人格の機能を否定して会社と株主を同一視する法理である（1969年、判例百選3事件、商法判例集Ⅰ－4）。特定の事案の衡平な解決を図るための法理である。

名において訴え、訴えられることができる（訴訟当事者能力を有する）。株式会社の財産は、法人としての株式会社が所有することになり、会社財産と法人の構成員（株主）の財産とが分離される（遮断効果）。

会社法の最も重要な貢献は、会社に法人格を認めることにより、「多くの当事者に対する契約において、その構成員や経営者から離れて、会社が単独の契約当事者（single contracting party）となることを許容したことである。」といわれる[6]。

b 有限責任

株式会社の出資者は株主と呼ばれる。株主は、出資額を超えて責任を負うことはない。会社法は「株主の責任は、その有する株式の引受価額を限度とする。」と規定する（104条）。

有限責任によってリスクが限定されることは、投資家層の拡大による大規模な資金調達に資することになる。また、有限責任は、株式の流通市場の形成を容易にするものである。有限責任でない場合には、個々の株主の資力（信用度）に応じて株式の価値が変動することとなり、価格形成がむずかしくなるからである。有限責任制度のもとでは、基本的に株式の価値は当該発行会社の財務状態とその見通しによることになり、出資者の信用度には依存しないことになる。

有限責任制度のもとで、会社債権者は、信用供与に際して会社自体の信用力のみでは不安であると考える場合には、経営者

---

6 Anatomy（前掲注4）p.6。

や大株主の個人保証や担保提供により補完することになる。あるいは、これらの措置の代替として、リスクに見合う高い貸付金利を要求することになる。

c 株式の譲渡性

株式は、株式会社の社員（メンバー）としての株主の地位を細分化して割合的地位のかたちにしたものである。

株式の譲渡は原則として自由である。このように出資持分を株式というかたちにし、その譲渡性を認めることは、株式会社制度の普及を促進する大きな要因となってきた。通常の株式には償還がなく、株主の側から出資金の払戻しを求めることは原則としてできないから、株主が投下資本を回収するためには譲渡の方法によらざるをえない。

容易に売買できることが株式投資の誘因となり、資金調達上の便宜となる。また、売買により、株主（投資家）はキャピタルゲインの獲得を図ることができ、その期待が株式投資を促進する。株式の上場は、流通性を高める手段である。証券取引所への上場時における売却やその後の売出しなどによって、創業株主などは自らの持分の現金化（キャッシュ・イン）が可能となる。

d 取締役会の授権のもとでの経営

多数の株主が存在する場合、株主による日常の経営の意思決定やその執行は困難である。取締役の選任、さらに取締役会による経営幹部（オフィサー）の任命により、会社の経営は専門的な知識・経験を有する者に委ねられる。「出資者と業務執行

者との分離」ともいわれるが、このような組織運営は、会社の規模が大きくなり複雑化して経営のための情報が増大する過程では必然の展開である。分業と専門性のメリットが生かされるとともに、投資家にしてみれば自ら事業・経営に携わることなしに、換言すればそのための時間や労力を要せずに投資することができる。投資家が受動的な立場を選好する場合であっても、株式という、リスクはあるが成長ポテンシャルを享受しうる投資手段を取得できることになる。これによって分散投資による保有（ポートフォリオの組成）が容易になる。

株式数の増加や流通取引の増加などに伴い、株式保有が分散し、株主の経営への影響力が低下することから、経営者の自律的な支配力が強まる傾向がみられる。

e 出資者による共同の所有

この点は、株主が会社の実質的な所有者であると表現される場合もある。株主は、いわゆる残余権者（residual claimants）である[7]。残余権の意味合いは会社の状況によって異なる[8]が、単純化していえば契約に基づく権利を会社に対して有する者（取引先、社債権者、銀行、従業員など）に対して定められた金額を支払った後の収益や財産に残りがあれば、それは株主に帰属するということである。事業の好不調によってこの残余の

---

[7] 剰余権者ともいう（落合26頁）。伊藤＝大杉＝田中＝松井75頁以下も参照。
[8] 得津晶「２つの残余権概念の相克」（岩原紳作＝山下友信＝神田秀樹編集代表『会社・金融・法　上巻』（商事法務、2013）所収）。

額は変動する（マイナスになることもある）。株主は、事業に伴うリスクを最終的に負担する存在である。

ここで「所有」という意味は、事業をコントロールすることと事業活動によって生じる純利益の帰属者になることである（神田26頁）。会社の財産は法人としての会社が所有するのであり、当該会社の株主が直接的に財産の所有権を有するのではない。所有権は、「法令の制限内において、自由にその所有物の使用、収益及び処分をする権利」（民法206条）であるが、株主が会社の実質的な所有者であるという意味は上記のとおりであり、通常の所有権（所有している物に対して原則として全面的な支配権をもつ）と同じではない。しばしば「会社はだれのものか」というテーマで議論されることがあるが、株主による実質的所有の概念が通常の所有権の概念とは異なる点に注意を要する。

f 出資払戻請求の制限

株主の側から会社に対して出資金の払戻しを請求することは、原則としてできない。この点は負債（デット）と異なる。株式にはこのような特性があるため、投資の回収に長期間を要する設備の割合の高い企業の場合は、株式会社という組織形態が適している[9]。19世紀に各国で発達した鉄道会社は、その典

---

[9] M. Blairは、このfの特質こそが現代の産業社会において株式会社形態がこれだけ用いられている理由の1つであるとする（M. M. Blair, *Locking In Capital : What Corporate Law Achieved for Business Organizers in the Nineteenth Century* (2003))。

型例である。出資払戻請求の制限という特質は、a～eのそれぞれに含まれているともいえるが、これを独立して取り上げて分析することが、株式会社の特質の理解のために適切であると考える。

　株式会社の基本的特質は、以上のように整理することができるが、これらの特質は同時に備わったものではなく、株式会社の仕組みが形成される過程で、時間的には差をおいて備わることとなったものである。たとえば、英国では、準則主義の採用により株式会社の設立が一般的に許容されるようになったのは1844年のことであるが、有限責任が一般的に許容されるようになったのは、それから10年強を経過した後である（第2章参照）。

　これらの基本的な特質は、上場会社のように、規模が大きく、株式が広く保有されている会社について典型的に当てはまるものである。会社の実情に応じていろいろなバリエーションが可能であり、たとえば定款の定めにより株式の譲渡について会社の承認を要するものとすることができる。同族会社など、多くの会社では株主の個性が重視され、会社の支配権・経営権維持の観点から株式に譲渡制限が付されている。また、小規模の会社であれば、取締役会を設置するまでもないであろう。

　内外の立法例をみると、株式会社が特権的な仕組みではなく、準則主義のもとで広く普及するようになった段階では、中小規模の会社にとっても使いやすい仕組みにするという方向に動いてきているものとみられる[10]。

　株式会社の基本的特質が、その普及と発展に寄与してきたこ

とはいうまでもないが、濫用・悪用の弊害が生じていることも否定できない。会社法は、株式会社という仕組みの採用を可能にし、その効率的な運営に資するものであるとともに、弊害に対処するための規律である。また、会社法以外の法律においても規律が置かれている。金融商品取引法におけるディスクロージャー制度や不公正取引の規制などは、その一例である。

> **コラム** 株式会社の発展段階
>
> 図表1－1は、株式会社の発展（成長）のイメージを示したものである。
> 第1ステージは、起業から株式の公開（上場）までである。この段階では、株式の保有が創業者をはじめとする限られた範囲にとどまっており、活発な流通市場は存在しない。株式には譲渡制限が付されるのが通例であろう。
> 第2ステージでは、株式の公開（上場）により株主数が大幅に増加し、流通市場取引が盛んに行われ、また資金調達手段の多様化が容易となる。一方、ディスクロージャー（開示）の義務は、会社法に基づくものにとどまらず、金融商品取引法・証券取引所規則によるものが加わる。また、株主数の増加や株式保有形態の変化と相まって、コーポレート・ガバナンスのあり方が問われることになる。公開買付け（金融商品取引法）の対象となる可能性も出てくる＊1。
> 第2ステージの後半に入ると、引き続き自律的な成長を志向するのか、あるいは合併・会社分割などのリオーガナイゼーション（広義の組織再編）によって規模の拡大・効率化・多様化を図るのかといった路線の選択の問題が重要性を増すことになる。
> 個々の株式会社における会社法上の課題は、それぞれのステージ

---

10 英国会社法（2006年法）の特色は、従前の会社法が大規模な公開会社を念頭に置いた規整のスタイルになっていたのに対し、小規模の私会社についての規定を出発点とするという考え方に基づき立法されたことである。2006年法の制定に際しては「'think small first' アプローチが採用された。これは、英国内だけでなく、ヨーロッパレベルでも共通の傾向である。」（Hannigan（前掲注2）p.22）。

によってかなり異なる。株式会社の設立（第3章）以下、順次述べるが、その際には会社の発展段階をあわせて参照しながら考えることが理解の一助になるものと思われる。

*1　第2ステージにおいては、株式会社の基本的特質のなかで、株式の譲渡性とそれに起因する問題がより前面に出てくる。株式の買集めや公開買付けはその典型的な発現形態である。このような状況下において、取締役などの義務や責任のあり方も、第1ステージとはかなり性格が異なったものになってくる。

図表1－1　株式会社の成立と発展

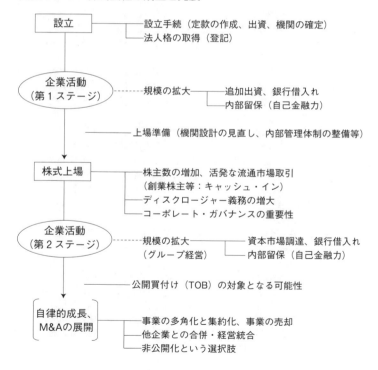

第 2 章 株式会社の歴史

1　海外における株式会社の歴史

(1)　近代株式会社の起源

　近代株式会社の起源は、16世紀末から17世紀初頭にかけての英国とオランダにおける東インド会社の設立に求められるというのが一般的な見解である[1]。

　1600年12月31日、英国の東インド会社の設立がエリザベス女王の特許状によって認められた。同社については1599年秋より設立の準備が進められていたが、スペインとの和平交渉が考慮されたことなどからペンディングとされ、1600年の年末ぎりぎりのタイミングで特許状が出されたものである。予定されたとおりの出資払込みが進まなかったことにより設立時の計画から変更され、東インド会社のメンバーは各自で貿易を行い、航海ごとに清算が行われることになった。東インド会社といういれもののなかに、航海ごとの会社が存在するようなかたちでスタートしたわけである。

1　以下の(1)〜(3)の記述は、主として、大塚久雄「株式会社発生史論」（『大塚久雄著作集　第1巻』岩波書店、1969）、大隅健一郎『新版　株式会社法変遷論』（有斐閣、1987）、西原寛一『近代的商法の成立と発展』（日本評論新社、1953）、J. B. Baskin & P. J. Mirranti, Jr., A History of Corporate Finance（1997）、J. Micklethwait & A. Woolridge, The Company（2003。以下「Company」として引用）、N. Ferguson, The Ascent of Money（2008）に依拠した。

東インド会社の運営機構は、総裁、副総裁（時により設置。1名）が置かれ、24名の理事から成る重役団が設けられた。最初の役員は特許状で指名され、その後、理事は全出資者（メンバー）から成る総会により選出された。実際の業務は、重役団のなかの7つの小委員会が、それぞれ購入、航海、会計、資金調達などの分野を専門家のサポートを受けつつ担当した。各航海の後、商品を競売に付し、その結果に基づき収益の分配が行われた。商品のかたちで分配する場合もあり、商人の出資者はむしろこの方式を選好することが多かったという。1613年から、1回の航海ごとの出資という方式ではなく数次の航海に関してまとめて出資するという方式に変更され、相応の継続性をもつ仕組みがとられるようになった。

　一方、オランダでは、1602年3月、政府の指導のもとに東インド会社が連邦議会の特許状によって設立された。これは、それまでに存在していたいわゆる先駆会社（6社）が合併したものである。存続期間は21年とされ、10年後に決算をして出資者は払戻しを請求しうることとされた。この特許状は、公的な定款のようなもので、会社の基本的な構造を規定し、また東インド貿易の独占権、武力保持と戦争・講和の権利などを与えるものであった。出資は直接に会社に対して行われ（従前の先駆会社では一般の出資者は取締役を通しての間接出資）、重役会（17人）が設置された。一般出資者だけでなく取締役にも有限責任が認められた。ただ、会社の経営は、出資者たる株主の意思とは無関係に17人重役会において自由に決せられ、監査役に相当

する機関は存在せず、一般出資者の保護は薄弱であった。

　同社への出資については、分割払込み、出資持分は譲渡自由という特徴を有するものであった。応募者はアムステルダムだけで1,000人を超え（英国の東インド会社では200人強）、多数の出資者が存在したことが特徴的である。また、出資のタイミングとほとんど同時に流通市場が形成された。同社の持分については盛んな投機が行われ、先渡取引も活発に行われた。なお、同社の出資持分に対しては証書が発行されたが、これは株券というよりは、分割払込みにおける払込みを証する受領証のようなものであったといわれる。持分の譲渡は、会社の譲渡登記簿への記入によって行われた。

　時間的には、英国の東インド会社の設立が少し先行したことになるが、いずれが近代株式会社の起源であるかという点になると、見解が分かれる。オランダの東インド会社をもって起源とする説が多いように見受けられ、たとえば大塚久雄は、オランダ連邦議会の特許状において全社員の有限責任制が許容されたことに着目して、オランダの東インド会社を起源とすることが適切であるとしている。

　英国の東インド会社において全社員の有限責任の制度がとられたのは、1662年のことである。有限責任の許容の面では若干の時間を要したが、近代的な社員総会（株主総会）が先に導入されたのは英国においてである。これは、清教徒革命（1640年代）や名誉革命（1688年）など、当時の市民参加の思想の影響を受けたものであるという。これに対して、オランダでは主要

株主による会議体はあっても、出資者全員による総会という考え方はとられなかった。一般出資者の支配層（取締役団）に対する強い反発から改革が行われた1623年の組織改革の後も、従前の状態からさほど変わりはなかった。商業資本家による専制的な支配という当時のオランダの社会状況のもとでは、出資者全員による総会という発想は容易には受け入れられなかったといわれる。英蘭両国の例にみられるように、株主総会のあり方は、多分に当該国の政治的・社会的な状況に影響されるものであった。

17世紀初頭における英蘭両国の動きは、他の国にも波及した。スウェーデン、デンマーク、ポルトガルが追随して、1610年代・1620年代に東インド会社などを設立した。フランスでは、株式会社の設立と失敗が繰り返されたが、1664年に東西両インド会社が国王の特許状により設立された。

フランスにおけるその後の展開は、株式会社制度の発展に大きな影響を与えた。1807年のフランス商法典は、「株式会社に関する世界最初の一般的立法」（大隅（前掲注1）48頁）であった。政府の許可、有限責任の採用、株式の自由譲渡制などを内容とするものである。これに対して、株式会社とは別の制度としての株式合資会社（無限責任を負う業務執行者と有限責任の株主が存在）については、自由に設立が認められたが、その濫用による弊害が生じた。

英国やオランダにおける東インド会社の設立は画期的なものであったが、株式会社という仕組みが忽然として創造されたと

いうわけではない。大陸諸国についてみれば、株式会社の前身ともいうべきコンメンダ、コロンナ、コンペラ、船舶共有組合、鉱山共有組合（順不同）など、共同して事業を行うさまざまな仕組みは、12世紀頃からイタリアの地中海沿岸都市（ヴェニス、ジェノヴァなど）、イタリア内陸部の都市（フィレンツェなど）、さらには南ドイツや北部ヨーロッパ（バルト海・北海沿岸など）の都市においてみられた。地域により、また航海による事業であるか、内陸で商工業や鉱山業を行うものであるかにより、組織形態の選択やその内容に差異があるが、いずれも出資と事業の遂行とを結びつけるための組織形態である。英国においても、東インド会社に至る前史として、ギルドや制規組合（regulated companies）などの組織形態があった。

　なかでもジェノヴァにおけるカサ・ディ・サン・ジョルジオ（1407年に既存の団体の合同により成立）は注目すべき存在である。それは、公債所有者団体であり、後には銀行業も営んだ。コンペラと呼ばれる形態であったが、取締役、大口出資者による会議体、検査役などを備え、出資者の持分は持分所有者名簿に登録され、譲渡も容易であった。一般の持分所有者は有限責任であったと推定されており、事実上の利益配当が行われた。このようにサン・ジョルジオは、ほとんど株式会社といってもよいものであり、かつてはこれをもって近代株式会社の起源とする見解が一般的であった。いずれにしても、株式会社は、それ以前の共同事業形態の要素が融合されることにより形成されたものといえるであろう。

> **コラム** 古代の共同事業組織
>
> 　共同事業の形態について、古代にさかのぼれば、ギリシャやローマにおける租税賃借団体は、社団的性格の強弱はあるものの共同事業の仕組みであった。ただ、いずれも株式会社の属性を備えるものとまではいえなかった（大隅（前掲注１）４頁）。
> 　さらにさかのぼれば、紀元前3000年頃のシュメール（メソポタミア地方の都市文明）において、貿易に従事する家族は財産権を明確化する契約の仕組みを用いており、寺院が銀行と監督者の機能を果たしていたといわれる。その後の古代アッシリアでは、パートナーシップ契約があった。ある事例では、出資者は共同して出資を行い、事業は商人（自らも出資）によって行われ、この「ファンド」は４年間継続し、当該商人は利益の３分の１を受け取ると定められた（K. Moore & D.Lewis, Foundations of Corporate Empire (2001)）。

(2) フィナンシャル・バブルとその崩壊

　18世紀に入り1710年代後半から1720年にかけて、欧州では大規模な投機の嵐が吹き荒れた。

　18世紀初頭のフランスでは、ルイ14世治世下における戦費負担などから国家財政が極度に悪化し、その再建が喫緊の課題となっていた。そこに登場したのがジョン・ローである。ローは、スコットランド生まれであるが、ロンドンで決闘の結果、相手を殺してしまった事件のため牢獄に入った後、脱獄してフランスに逃れた。ルイ15世治世下の摂政オルレアン公の知遇を得て、1716年、ジェネラル銀行（後にロイヤル銀行に改称）を設立し、さらに財務総監となって財政改革・貨幣改革に乗り出した。かねてよりの持論を実行して紙幣を導入、さらに既存の国家債務をミシシッピー会社（通称）の株式によって置き換える

というスキームを実施した（株式と国家債務とを直接に交換するのではなく、国債の償還資金が同社株式の購入に充てられるように金融を運営するもの）。同社株式への払込みを容易にするために、分割払込みの採用や応募者への融資の供与などが行われた。同社の株式に対する人気が沸騰したが、事業の実体が乏しい会社の株式に対する投機であったことや投機資金が他の投資手段にシフトしたことから、さしもの投機もピークアウトし、1720年半ばに同社の株価が崩落、大混乱を生じた。ローの大胆な試みは失敗し、その後、フランス経済は深刻な後遺症に苦しむことになった。

　英国では、1720年に入り南海会社（the South Sea Company、1711年設立）の株式をめぐる大規模な投機が起こった。当時、同社は、国債を同社株式の払込みに充てるという計画を実施した。株価の上昇を利用するスキームであったが、本業である海外事業は不振であったことなどから、1720年夏には株価の反落が始まり、同年秋には大幅に下落した。南海会社の株価の崩落は、各方面に深刻な打撃を及ぼした。

　南海会社事件の後遺症は大きく、その後の英国では株式会社に対し慎重な態度が続いた。この間、1720年6月にBubble Actと呼ばれる法律が制定された。この法律は、国王の特許状や議会の個別法で設立を許されたもの以外の会社や、定款の範囲を超える事業を行う会社の株式の売却を禁止し、これらの株式を売り付けたブローカーはライセンスを失うなどを定めるものであった。Bubble Actは、南海会社の株価が下落する前に

制定されたものであり、その制定意図はよくわからないといわれる。この法律は同社が競争相手の出現を抑制しようとして議会に働きかけたものであるという記述が当時書かれたもののなかにあり、同法の内容やその制定過程はこうした見方を裏付けるものであるという指摘がある[2]。

(3) 準則主義の採用と有限責任の一般化

英国では、19世紀の半ばに準則主義、すなわち一定の要件を満たせば登録により株式会社の設立を可能とする法制に移行した。1844年法（2段階の登録を要する）がその第一歩であり、同法の成立にはW. グラッドストーン（Board of Tradeのトップ。後に首相）の貢献が大であったという。

1844年法では有限責任は認められなかったが、そのことの是非をめぐって激しい論争が展開された。従前より一部の会社に対しては、国王の特許状や個別法で株主の有限責任が認められ、特に大資本を必要とする鉄道会社において社員（株主）の有限責任を認めることに異論はなかったが、準則主義のもとでこれを一般化することの是非をめぐっての論争である。「地位を確立した製造業者（それらの大半はロンドンよりも離れていた

---

[2] S. Banner, Anglo-American Securities Regulation : Culture and Political Roots 1690-1820 (1998)。なお、Bubble Actが廃止されたのは1824年である。Bubble Act廃止までの間は、unincorporated companyが増加した。これは、特許状のない会社、あるいは議会の個別法によって設立が認められたのではない会社で、法人格のない会社である。特に、工業の分野で多くみられたという。

ところに拠点を置いていた）は、新しい仕組み（有限責任）には反対の態度であった。ウォルター・バジョットによれば、金持ちも同様の意見であった。有限責任は貧しい者に最も有利な仕組みであると考えていた。」（Company（前掲注１）p.49）。また、当時においては、「有限責任は弱さである。なぜならそれはパートナー＝出資者のコミットメントを下げるものであるから。」という見方もあった（同上p.42）。1854年に開催された「商法改正に関する王立委員会」では70人の供述人から意見を聞いたが、その意見は賛否両論に大きく分かれた（大隅（前掲注１）81頁）。

　有限責任を許容しないのはそれ自体として反自由主義的であるという主張や有限責任を認めないと外国にビジネス機会が流出してしまうのではないかという政府の懸念などから、1855年に有限責任法が制定された。1856年法（１段階の登録に変更）が制定され、有限責任法における資本の制約条件を撤廃して一般的に株式会社の有限責任が許容された。その後、1862年会社法によって関係法の統合が行われた。ここにおいて株式会社に関する一般的立法の完成をみることになった。

　英国法の影響を受けて、フランスは1863年法において有限責任を採用した（一定の資本金規模まで）。次いで1867年法が制定され、フランスの動きを通じて英国の会社法は間接的に大陸諸国の立法の重要な法源となった。フランスの1867年法は、ドイツの1884年改正株式法とともに、大陸諸国・ラテンアメリカ諸国において、近代株式会社法の最も重要な基礎をなした。

ドイツで一般的に株式会社を規律する法律が制定されたのは、1843年のプロイセンの「株式会社に関する法律」である。1861年のドイツ普通商法典（いわゆるドイツ旧商法）は、ドイツ統一前のものであるが、株式会社についてもかなりの数の規定を置いた。免許主義の原則をとったが、準則主義とのいずれを採用するかは各国の選択に委ねられた。1870年に株式会社の設立について準則主義を採用するドイツ普通商法典の改正が行われた（第1次株式法改正）。ドイツの法制において監査役会制度が義務づけられたのは、この改正法においてである。ただ、当時は監査役と取締役の兼任が禁止されておらず、監督機能と業務執行機能の分離は不十分であり、監査役会でも業務執行機能のほうが中心であった。

　準則主義の採用後に設立詐欺が頻発したことなどから、1884年の改正（第2次株式法改正）において、設立に関する規定の厳格化、少数株主権の導入が行われ、また監督機関としての監査役会の位置づけを明確にするために監査役と取締役との兼任禁止などが定められた。この改正により株式会社制度が厳格化されたことから、簡易に有限責任を享受しうる制度として、有限責任会社法が新たに制定され（1892年）、この動きは各国に波及した。

　1937年に株式法が制定された[3]。株式会社に関する規律は、その規定数が多いことから単行法となったわけである。監査役会に対する業務執行権限の委託が禁止され、監査役会による取締役の選任が規定された。

第2章　株式会社の歴史　23

(4) 米国における株式会社の発展

米国では、株式会社は州の会社法に基づき設立される[4]。

独立前の植民地時代は英国国王が会社設立の権限を保持しており、ごく少数の株式会社しか存在しなかった（国王の特許状または英国議会の個別法による設立）。合衆国として独立後、各州が会社設立の権限を主張し、株式会社設立の問題はそれぞれの州に任されることになった。連邦政府は、1791年にA. ハミルトン（初代財務長官）の建議に基づき連邦議会の承認を得て合衆国銀行（The Bank of the United States）を設立したが、連邦政府が一般的な経済目的のために一般の事業会社を設立することができるかどうかについてはかなりの疑問があるとされた。今日でも連邦政府にも会社を設立する権限があるとされているものの、その権能はまれにしか行使されず、また公共の目的のための会社設立に限定されている[5]。

米国における株式会社の歴史をみると、1800年頃までは公共的な性格の事業（銀行、保険、運河・橋・道路の建設・運営など）

---

3 1937年法は、「国家社会主義のイデオロギーよりもはるかに強く経済的諸機能を基準として株式会社の法的構成を組み立てた。振り返ってみれば、1937年株式法は、1945年以後のドイツ経済の崩壊と復興という困難な時期においても、その実を挙げた。」（W. メーシェル『ドイツ株式法』（小川浩三訳、信山社、2011）15頁）。

4 連邦最高裁は、「会社は州の法律の創造物である。」と述べる。たとえば、Santa Fe Industries, Inc. v. Green（1977）。

5 R. Hamilton, The Law of Corporations in a Nutshell（5th edition, 2000）p.62。

について、州の個別法に基づき設立が認められた。これらの会社は州の活動の一部を担うものであるという考え方であり、特許状とともに独占権も付与されるのが通例であった。

経済活動の拡大への対応（株式会社形態の有利性への着目）、特権の付与に伴う弊害などから、会社設立規制を緩和する動きがみられた。1811年のニューヨーク州の立法は、限定的な内容ではあるが、最初の準則主義による会社法とされる。同法では、繊維・ガラス・金属・塗料など一定の製造業に限り適用があり、有限責任が許容され、存続期間は20年、資本金についても上限を設定されるなどの制約があった。このような制約があったのは、合衆国独立の前後からの株式会社に対する猜疑心や警戒感の表れであるという。その後、多くの州が追随し、たとえばペンシルベニア州は1836年に準則主義による一般的会社法を制定した。1859年には、その当時存在する38の州のうち、25の州が一般的に株式会社を設立することができるようになった[6][7]。

1840年代以降、鉄道建設が盛んになるにつれ株式会社の重要

---

6 Hamilton（前掲注5）p.53。
7 「1800年から1850年の間に、会社の基本的な性格は変わった。当初は、会社は一種の独占であった。それはユニークな、アドホックな創造物であった。それは、公共の財産、自然の資源、あるいはあるグループや投資家の事業機会に対して排他的な支配権を与えるものであった。……しかし、今や会社は事業を組織化するための一般的な形式になったのであり、法的にはすべての者に対して開かれ、参入や存続期間、そして経営についてほとんど実質的な制約のないものになった。法は、ある意味で、会社を民主化し、誰もが利用しうるものにしたのである。」（L. M. Friedman, A History of American Law（3rd edition, 2005）p.131）。

性は増大し、証券取引所では鉄道株が活発に取引された。鉄道と電信の発達は大量生産・大量流通を可能にしたが、鉄道会社・電信会社それ自体が、会社内部の組織(管理階層の創出など)や経営管理手法の発展・整備を促したという面で模範的なモデルとなった[8]。

　米国の会社法における特徴の1つは、設立根拠法のデラウェア州法へのシフトである。これは20世紀に入ってからのことである。それまではニュージャージー州が会社法の弾力化の先頭を切っていた。株式会社がほかの会社の株式を保有することを認め(1888年)、持株会社が許容されることとなった。デラウェア州が1899年に追随し、多くの州もニュージャージー州に倣った。1896年には、ニュージャージー州は、取締役や経営陣に広い裁量を与えるなど、今日の会社法に近い内容の会社法を制定した。このように19世紀末頃には現代の法制に近いものになり、多くの会社が設立根拠法をニュージャージー州法にした。

　しかし、1913年、同州のW. ウィルソン知事(後に大統領)が会社の自由度を狭める改正を行ったことから、多くの企業がデラウェア州法にシフトした。そして今日に至っており、同州法が多くの企業(特に大規模な公開会社)の設立根拠法となっている。現状、米国の会社についてみると、フォーチュン500社の60％強がデラウェア州法を設立根拠法としている(同州ウェブサイトによる)。デラウェア州法が選好される理由としてはい

---

[8] A. D. チャンドラーJr.、鳥羽・小林訳『経営者の時代(上)』(原著1977、東洋経済新報社、1979) 160頁。

ろいろな点があげられているが、予測可能性の高い法的環境を備えていることが大きいものとみられる[9]。

　州ごとに会社法が制定されるという状況に対して、かねてより内容的な共通化を図ろうとする動きがある。アメリカ法曹協会（ABA）の模範事業会社法（MBCA）は、統一法の策定を目指すものではなく、州が改正法を起草する際の参考としての役割を意図している。ABAの会社法委員会は、1946年に主にイリノイ州法をベースにMBCAのドラフトを作成した（1943年にその草案が作成されていた）。1950年に広く配布するためのヴァージョンを策定し、その後の改正を経て現在に至っている。現在でも州ごとの会社法という状況に変わりはないが、多くの州がMBCAに倣っており（Model Act statesといわれる）、これらの州の間でみれば内容の実質的な収れんはかなり進んでいるものとみられる。ただし、デラウェア、カリフォルニア、ニューヨーク、ペンシルベニアなどは、Model Act statesではない。

9　拙著『コーポレートガバナンス入門』（金融財政事情研究会、2012）83頁参照。

2 わが国における株式会社の歴史

(1) 株式会社の普及と混乱

わが国で西欧諸国の制度に倣って株式会社が導入されたのは明治期に入ってからのことであるが、明治中期の商法制定により会社制度の基盤が固まるまでには相当の紆余曲折と混乱があった[10]。

a 会社概念の紹介

幕末から明治初期にかけての激動期において、会社制度への関心は高かった。幕末時点では、最後の勘定奉行である小栗上野介を中心とする幕府の有力者の間で富国政策の一環として会社制度の必要性が意識された。複数の構想があったようであるが、そのなかで進展をみたのが兵庫商社である。大阪の商人に強く働きかけて、貿易を行い金札発行権も有する組織として兵庫商社が設立された(慶応3 (1867) 年)。鳥羽伏見の戦いで幕

---

[10] 以下の記述は、主として、利谷信義＝水林彪「近代日本における会社法の形成」（高柳・藤田編『資本主義法の形成と展開3』（東京大学出版会、1973）所収）、西原（前掲注1）、森泉章「明治前期における会社制度の形成」（『団体法の諸問題』（一粒社、1971）所収）、浜田道代編『日本会社立法の歴史的展開』（商事法務、1999）、高村直助『会社の誕生』（吉川弘文館、1996）、有沢広巳監修『日本産業百年史』（日経新書版、1967）、有沢広巳監修『証券百年史』（日本経済新聞出版社、1978）に依拠した。

府が敗れたことから同社は瓦解したが、その構想は後に影響を与えることになった。

　福沢諭吉は、維新前後に合計3度、西洋の地に赴いているが、その『西洋事情（初編）』（1866年）において会社制度を紹介している。「西洋の風俗にて大商売を為すに、一商人の力に及ばざれば、五人或は十人、仲間を結てその事を共にす。之を商人会社と名づく。既に商社を結べば、商売の仕組、元金入用の高、年々会計の割合等、一切書に認めて世間に布告し、「アクション」と云える手形を売て金を集む。」。ここでは現在の会社の意味で「商人会社」「商社」の表現が用いられており、「アクション」とは仏語で株式・株券のことである。なお、『西洋事情』では、「会社」という言葉は、学校・医療などの分野における組織をも含むものとされている。

　明治期に入って、明治2（1868）年、通商司が各開港場（8カ所）に設置された。政府の方針に基づき通商司は、通商会社および為替会社の設立を強く勧奨し、有力商人になかば強制的に出資させた。通商会社は、その傘下に商社を設けて商品流通を掌握しようとするものであり、為替会社は通商会社の金融を支えることがその大きな任務であったが、実際にはなかなかうまくいかなかった。会社運営における政府の役割と民間の役割が明確でなかったことも不振の一因であったという。とはいえ、通商会社・為替会社の設立は、会社組織の必要性を一般に認識させる効果があったとされる。

　会社制度の普及に際しては、政府の果たした役割が大きかっ

た。明治4年、大蔵省は、福地源一郎による欧米の経済書の抄訳である「会社弁」と当時大蔵省に勤務していた渋沢栄一が会社弁の参考のために書いた「立会略則」を刊行した。会社弁において会社とはバンクの意味であり、銀行を説明した啓蒙書である。「立会」（りゅうかい）とは、会社を設立するという意味である。これらは株式会社の仕組みを紹介する代表的なものであり、各府県に配布されたが、一般においても入手可能であった。西欧諸国の制度の紹介は会社の知識の普及に役立った。

b 銀行制度の導入

このような状況下で銀行制度の創設に取り組む動きが本格化した。明治5年11月に公布された国立銀行条例は、株式会社形態による銀行の設立を認めるもので、わが国最初の株式会社制度であった。当時米国に出張中の伊藤博文の提案に基づき、米国のナショナル・バンクの制度に範をとったものである。伊藤の提案に対しては、英国の銀行制度に倣い発券銀行を設立すべきであるとの吉田清成の意見もあって激しい論争となったが、最終的には帰国した伊藤の強い働きかけもあり、大蔵大輔井上馨の判断により米国の方式が採用された。

国立銀行条例と国立銀行成規は、国立銀行のみならず、一般に株式会社を設立する場合の手引としての意義を有するものであった。国立銀行条例においては、会社設立のために開業免状を得ることが必要、最低資本金の定め、株主は有限責任、分割払込み（開業前に少なくとも2分の1を払い込む）、株主の選挙により取締役（5人以上）を選任、取締役の衆議によりそのなか

から頭取を選任、株式の譲渡は頭取・取締役の承認を得て可能、大口融資規制（1取引先に対する信用供与は資本金の1割まで）、営業継続期間20年などが定められた。このように同条例は近代株式会社の姿を規定するものであった。国立銀行成規は、会社の設立や会社運営等について詳細に定めるものであり、銀行定款のひな型も含まれていた。なお、名称は「国立銀行」であるが、国から銀行券の発行と官金取扱いの権限を与えられた民営の銀行である。

　この条例に基づき、第一国立銀行など4行が設立された。しかし、設立の条件が厳しく、また紙幣価値が安定していなかったことから銀行券が流通するとすぐに兌換されるという状況で、4行の後に続くものはなかった。

　明治9年に国立銀行条例が全面改正され、折からの秩禄処分により士族階級に交付された金禄公債を払い込むことによってそれを元手に銀行を設立することが可能になった（銀行紙幣の正貨兌換は停止）。政府の積極的な勧奨もあって、各方面で銀行の設立が相次いだ（合計153行）。しかしながら、当時の重大課題であった紙幣整理は先送りされた。

c　株式会社の設立・淘汰

　明治11年5月に株式取引条例（明治7年）に代わるものとして株式取引所条列が公布され、東京、次いで大阪で株式会社組織の株式取引所が開設された。ただ、当初の取引所における取引の中心は、公債であった。交付公債の換金などの取引需要が強かったからである。

明治6年に抄紙会社（後の王子製紙）、8年に内国通運会社（後の日本通運）が設立され、10年代に入ると株式会社の設立が相次いだ。そのなかに東京海上保険、明治生命、東京馬車鉄道、日本鉄道、大阪紡績、東京電燈などがある。

　明治初期においては、会社についての一般的な根拠法が存在しなかった。政府部内には会社条例の早期制定が必要との意見があったものの、なかなか実現には至らなかった。株主の責任については各社の定款で定められたが、その対外的効力は定かではなかった。そのために、個々の事例において、当該会社の株主は無限責任なのか、有限責任なのかをめぐって混乱が生じ、会社債権者から株主に対して訴訟が提起される例も散見された。政府は、定款の定めが対外的に効力を有するためには、それが社外にも周知されていることを要するという基本的見解であったようである。

　この時期に設立された株式会社の多くは泡沫会社的なものであり、明治14年10月に就任した松方正義大蔵卿の緊縮政策（紙幣整理、兌換制度の確立）、いわゆる松方デフレの過程で淘汰されたものが少なくなかった。倒産の際には、株主の責任のあり方などをめぐってトラブルが発生した。

　松方緊縮政策は、西南戦争の後、明治12年以降の急速なインフレの進行や貿易赤字に対処するためのものであった。また、インフレの進行は、金禄公債の利子収入に依存する士族階級の生活を圧迫した。明治15年に日本銀行が設立され、17年5月に兌換銀行券条例が制定された。政府紙幣と国立銀行券は、次第

に日本銀行券に吸収されることになった。

　紙幣整理の一段落により再び株式会社設立の気運が盛り上がり、明治19年から20年代前半にかけての企業勃興期に、紡績、鉄道、海運などの分野で会社設立が相次いだ。これらの会社の株主は、商人、地主、華族、士族などであった。初期の株式会社の社長はおおむね大株主から選ばれたが、実際の経営事務は支配人などに委ねられることが多かったという。

　このように明治期に入ってからの動きは誠にめまぐるしい。会社の濫設に基づく弊害、すなわち出資金の浪費や開業に至らないうちに解散するなどの問題が少なくなかった。混乱を伴いつつも株式会社という仕組みの普及がみられたのは、近代化を急ぐ当時の事情を反映するものであったが、明治以前のわが国における経済や商業の伝統の存在が寄与した面も見逃せない。「相当数の人々が資本を出し合って１つの企業を営み、損益を分担する仕組みは少なくとも江戸時代後期にはある程度存在したのであって……、明治に先立って会社制度受け入れの条件が形成されつつあったといってよいであろう。」[11]。

(2)　商法の制定

　株主の責任のあり方をめぐる混乱などから、統一的な会社法制の整備の必要性が政府において意識された。明治８年には主に英国法を参考にして内務省によって会社条例草案が起草され

11　山口和雄「創成期の株式会社」（『証券百年史』（前掲注10）所収）。

たが、政府部内では広く大陸諸国の立法例をも参考にすべきであるという意見が出され、また西南戦争の勃発もあってなかなか進まなかった。商法典全体の整備が必要で、会社法はその一部とするという考え方が有力であったようである。この時期には、大蔵省内においても会社法の草案作成作業が行われたが、進展しなかった。

政府は、明治14年、法律顧問ヘルマン・ロエスレルに商法典の起草を依頼した。ロエスレルは、母国であるドイツのみならず、当時の各国（仏、英、米、伊など）の法制を調べたうえで最善のものをつくるという態度で臨んだ。比較法研究のアプローチによって作業が行われたわけである。明治17年、ロエスレル草案が完成した。同草案には独法・仏法の影響が大きいが、英国法の考え方を取り入れた条項も少なくないとされる[12]。

ロエスレル草案の作成中および完成後、複雑な経過をたどったが、明治22年6月、同草案を土台にした案が元老院で可決され、23年4月に商法が公布された（明治24年1月施行予定）。「旧商法」といわれるものである。旧商法では、会社の設立について政府の免許を要するものとし（ロエスレル草案は原則として準則主義）、株主の責任は有限責任、株式会社の機関として株主総会・取締役・監査役を置き、1株1議決権、株式の分割払込みも可などの内容であった。準則主義ではなく免許主義とされ

12　ロエスレルの作業と並行して、太政官参事院の商法編纂局がその内容に変更を加えた案を作成した（この案は不採用）。

たのは、会社についての最初の法制であったため慎重を期したものである[13]。

　しかしながら、「法典論争」の影響や条文の理解に時間が必要という実業界の大勢の意見[14]などを背景に、旧商法の施行を延期する法案が可決された（明治23年12月）。それでも当時の経済情勢から会社や破産に関する法制の必要性は高く、明治26年7月に商法典の一部である会社・手形・破産に関する部分が一部修正のうえ施行された。延期論が強かったにもかかわらず、旧商法の重要部分は早期に施行されたことになる[15]。

　明治26年3月に法典調査会が設けられ、旧商法を見直すこととなり3人の起草委員（岡野敬次郎、梅謙次郎、田部芳）が原案を作成した（志田鉀太郎、加藤正治が補助）。法典調査会の審議を経て法案として提出された後も、衆議院の解散などにより紆余曲折があったが、明治32年3月に現行商法が公布され、同年6月に施行された。「新商法」といわれるものである。会社についての旧商法からの改正点は、設立についての準則主義の採用、合併の規定の新設、株式合資会社の新設（昭和25年改正で廃止）、外国会社の規定の新設などである。新商法は、「内容的には1861年に制定されたドイツ旧商法に近い」といわれる[16]。

13　ロエスレル自身も草案作成後、見解を修正して、すべての株式会社について免許を要するものとすべきであるとした。
14　ただし、大阪商法会議所は、商法典の早期全面実施を主張した。
15　「この対立は、形式的には延期論の勝利に帰したが実質的には必ずしもそうでなかった。」（西原（前掲注1）64頁）。
16　竹内昭夫「新商法の制定と改正」（『証券百年史』（前掲注10）所収）。

(3) 戦前の商法改正[17]

新商法の制定後、明治44（1911）年と昭和13（1938）年に商法の大きな改正があった。明治44年改正は、日露戦争後に泡沫会社が続出したことなどから株式会社の規定の不備が明らかになったことによるものである。発起人の損害賠償責任などについての規定が追加され、合併の規定が整備された。また、取締役と会社の関係は委任に関する規定に従う旨の明文の規定が置かれ、取締役の責任（対会社、対第三者）に関する規定の新設・改正が行われた。

昭和13年改正は、昭和4年に設置された法制審議会の審議に基づくものであり、第1次世界大戦当時の好況やその後の深刻な不況をふまえてのものである。また、同大戦後の各国の会社法改正の動きを意識したものであった。総則・会社編が大幅に改正された。設立、株式、計算についてのさまざまな改正（弊害の防止。種類株式の増加などの資金調達手段の多様化）に加え、社債制度の大幅な改正が行われた。担保附社債信託法に倣って社債権者集会の制度が新設され、社債募集の受託会社の権限に関する規定が整備された。また、転換社債が導入された。

昭和13年には有限会社法が制定された。これはドイツに始まり各国で普及した有限責任会社の制度に倣ったものである。

---

[17] 会社法制定に至るまでの戦後の商法改正の概要については、鈴木6頁、36頁以下、神田32頁以下参照。

第3章 株式会社の設立

1 設立の意義

　設立の手続を経て株式会社が誕生する。今日では、法定の要件を充足する設立の手続を完了すれば、会社の設立が認められるとするのが通例である。これが準則主義であり、わが国もこの方式を採用している。

　準則主義が採用された後、設立時の不正行為の頻発から、内外の会社法制において設立に関する規律の強化が図られてきた。

　一方、近年では起業促進の観点が重視されており、会社法は、最低資本金制度の廃止、発起設立における払込保管証明の免除など、全体として設立規制を緩和・簡略化している。

　株式会社の設立とは、株式会社という団体の実体を形成し、設立登記により法人格を取得することである。合名会社や合資会社の設立手続は簡単であり、定款の作成と設立登記によって手続は完了する。株式会社の場合は、合名会社や合資会社のように無限責任社員が存在するわけではなく、また株式（原則として譲渡自由）を発行することから、厳格な手続が要請されている。合同会社は有限責任社員のみで構成されるので、設立段階での出資の履行が求められる。

　株式会社の設立には、発起設立と募集設立がある（25条1項1号2号参照）。近年では発起設立によることが多いことから会

社法現代化の議論の過程では募集設立の廃止が検討されたが、発起人の責任を負うことには消極的な当事者がいる場合がある、外国人が発起人になると手続が煩瑣になるなどの理由から、募集設立という選択肢が必要との実務サイドの意見もあり、募集設立の方法が引き続き認められている（江頭61頁）。

発起設立では、発起人が設立時発行株式（25条1項1号）の全額を引き受ける[1]。募集設立では、発起人が一部を引き受けて残りを募集し、発起人と募集に応じた者が当初の株主になる。募集設立は、発起人以外の株式引受人が登場するため、株式の募集や創立総会の開催など、発起設立に比べて手続が複雑になる。

会社法の制定前は、株式会社1,000万円、有限会社300万円の最低資本金制度（平成2年改正で導入）があったが、会社法により撤廃された[2]。ただし、株式会社が剰余金の配当を行うためには、純資産額が300万円以上であることが必要である。これは、会社債権者保護の観点からの規律である。

---

[1] 株式の引受けとは、出資をして株主になることを（設立中の）会社に対して約束することをいう（伊藤＝大杉＝田中＝松井35頁）。
[2] 出資額を1円とすることも可能である（一問一答30頁）。

2 設立手続

(1) 定款の作成

　設立の手続に入る前に、どのような事業を行うか、だれが経営の中心となるか、だれが出資者となるかなどを決める準備段階がある。成立後の会社の運営に関し、株主間契約が締結される場合がある。また、すでに個人企業の形態で事業が行われているものを株式会社に切り替えるケースもある。この場合における株式会社の設立は、既存の事業の組織形態の変更を意味する。

　法的な設立手続の第一歩は、発起設立・募集設立のいずれの場合においても発起人による定款の作成である（26条1項）。

　発起人は、会社の設立を企画し推進する者であり、設立にあ

図表3－1　設立手続の進行（発起設立の場合）

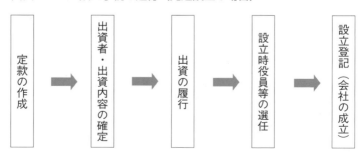

定款の作成 → 出資者・出資内容の確定 → 出資の履行 → 設立時役員等の選任 → 設立登記（会社の成立）

たり中心的な役割を果たす。法人も発起人となることができる。発起人について員数の制限はなく、1人でもよい。法的には定款に署名した者が発起人である。これは、だれが発起人であるかを明確にする趣旨である。設立にあたり実質的に重要な役割を果たした者であっても、定款に署名しなければ発起人ではない。ただし、一定の場合、たとえば株主を募集する広告や文書などにおいて設立を賛助する旨の記載をした者は発起人とみなされ（疑似発起人）、責任を負うことがある（103条4項）。

　定款は、株式会社の基本的な規則である。定款には発起人が署名または記名押印して、公証人の認証を受けることが必要である（30条1項）。この認証の対象となる定款を一般に原始定款という。公証人の認証は、定款が真正に作成され、かつ、その内容が適法であることを確保するためのものである。なお、その後の定款変更については、設立中の段階であっても、また会社成立後であっても公証人の認証は不要である。定款の作成・認証に関し、認証手数料、印紙税が必要となる。

(2) 定款の記載事項

　定款の記載事項は、会社法で規定されているが、一般に絶対的記載事項、相対的記載事項、任意的記載事項の3種類に区分される（これらは学問上の概念であり法文上の表現ではない）。

a　絶対的記載事項

　絶対的記載事項は、定款に必ず記載（電子データの場合は記録。以下、本章において単に「記載」という）しなければならず、

その記載がないと定款全体が無効になる事項である。①目的、②商号、③本店の所在地、④設立に際して出資される財産の価額またはその最低額、⑤発起人の氏名・名称および住所、⑥発行可能株式総数である（27条、37条1項、98条）。

商号は会社の名称である（6条1項）。株式会社の商号中には「株式会社」という文字を用いなければならず、その商号中に他の種類の会社であると誤解されるおそれのある文字を用いてはならない（同条2項3項）。

発行可能株式総数（授権株式数ともいう）は、公証人による定款認証の時点で定款に記載されている必要はないが、会社成立時までに定めることを要する。発起人全員の同意により決定する（37条1項）。発行可能株式総数を原始定款で定めた場合でも、発起人全員の同意で変更可能である（同条2項）。募集設立の場合、設立時募集株式の払込期日（または払込期間の初日）以後は発起人のみでは変更できず（95条）、創立総会の決議による（96条、98条）。定款認証後の株式の引受状況や失権状況をみながら発行可能株式総数を定めることができることになる。設立しようとする会社が公開会社の場合は、設立時発行株式数が発行可能株式総数の4分の1を下回ることはできない（37条3項）。公開会社では新株発行の権限を取締役会に原則的に委ねたことから、その授権に上限を設定する趣旨である。

b　相対的記載事項

相対的記載事項は、定款に定めなくても定款は有効であるが、定款で定めないとその効力が生じない事項である（28条、

29条)。会社法のいろいろな箇所に規定されているが、変態設立事項は相対的記載事項の例である。

変態設立事項の「変態」とは、通常のものではないという意味であり、現物出資(金銭以外の財産による出資)、財産引受け、発起人の報酬などの特別利益、および設立費用(定款の認証手数料、印紙税、登録免許税などを除く[3])である(28条各号、施行規則5条)[4]。

変態設立事項がある場合には、検査役(発起人の申立てにより裁判所が選任)の調査を受けることが原則である(33条1項)。ただし、現物出資・財産引受けについては、定款に記載された価額の総額が500万円以下の場合、市場価格のある有価証券で定款記載額が市場価格を超えない場合、定款に記載された価額が相当であることについて弁護士・公認会計士などによる証明を受けた場合には、検査役の調査は不要である(同条10項)。

c　任意的記載事項

任意的記載事項は、会社法の規定に違反しない限り定款に記

---

[3] これらの費用は、客観的に金額が明らかであり濫用のおそれがないので、定款の記載は不要である。会社成立後、会社の負担となる。
[4] 現物出資について規制が置かれているのは、悪用されると会社の財産的基礎を危うくして会社債権者を害し、また他の株主(金銭出資をした者)との衡平を害するからである。たとえば、2,000万円の価値の財産を3,000万円と評価してその分の株式を与える場合の弊害である。現物出資をすることができる者は、発起人に限られる(34条1項。募集設立の場合の63条1項と対比)。財産引受けとは、発起人が会社のために会社成立を条件として特定の財産を譲り受ける契約をすることである。契約の相手方に限定はない。目的物が過大評価されるなどの問題がありうるので規制が置かれている。

載することができるというものである（29条）[5]。実務では、株主総会の議長、取締役会の招集権者、役付取締役、事業年度など、少なからぬ事項が定款で定められる。

(3) 定款の備置き・閲覧

発起人は、定款を一定の場所（たとえば設立事務所。会社成立後は本店・支店）に備え置かなければならず、各発起人はその閲覧を請求し、謄本・抄本の交付の請求をすることができる（31条1項2項）。募集設立における設立時募集株式の引受人についても同様である（102条1項）。

(4) 株式の引受け

発起人は、株式の発行に関する事項、たとえば定款に定めのない場合に発起人が割当てを受ける設立時発行株式の数を決定する（32条1項）。同項各号の事項の決定については、発起人全員の同意が必要である。発起人全員の同意を証する書面は、設立登記申請の際の添付書面である（商業登記法47条3項）。

発起設立の場合は、発起人が設立時発行株式の全部を引き受ける（25条1項1号）。引受けの時期は、定款作成の前でも後でもよい。出資の履行をした発起人は、会社が成立した時に株主になる（50条1項）。

---

5 任意的記載事項であっても、定款変更の手続がとられなければ、その事項を変更することができない。これが任意的記載事項を定款で定めることの意義である。

募集設立の場合は、発起人が一部を引き受け、残りは発起人が株主を募集する（57条1項）。この募集についての決定には発起人全員の同意が必要である（同条2項）。この募集の申込み・割当ての手続は、発起人の出資の履行後に開始される（59条2項）。募集に応じての引受けの申込みに対して、割当てが行われる（引受人の確定）（60条1項）。引受人が払込みをする（63条1項）と、会社が成立した時に株主になる（102条2項）。

(5) 出資の履行

発起人は、引受けの後遅滞なく、引き受けた株式の全額の払込みをしなければならない（34条1項）。現物出資の場合は、現物出資をする発起人はその全部を遅滞なく給付する[6]。

出資の履行がない場合、設立手続を迅速に進めるという観点から失権が認められる。定款で定めた最低額の出資があれば、出資の履行があった分だけで会社の設立が可能である。ただし、各発起人は少なくとも1株は引き受けなければならない（25条2項）ので、特定の発起人の引受株式の全部について失権するときは設立無効事由になる。この場合には、設立手続のやり直しをすることになろう。

出資の払込みは、払込取扱機関（銀行など）の払込取扱場所でしなければならない（34条2項）。払込みの確実を期するためである。会社法により発起設立の場合の払込取扱機関による

---

[6] 金銭による出資の場合は「払込み」、現物出資の場合は「給付」といい、あわせて「出資の履行」という（35条）。

第3章 株式会社の設立 45

保管証明の制度は廃止されたので、設立登記申請の際は払込みがあったことを証する書面などを申請書に添付する（商業登記法47条2項5号）。

募集設立の場合は、払込取扱機関の払込金保管証明書が設立登記のために必要である。発起人のほかに株式の引受人が存在するため、発起設立よりも厳格な手続になっている。

(6) 設立時役員等の選任

発起設立の場合は、出資の履行完了後、発起人の多数決（原則として1株につき1議決権）で設立時取締役・設立時監査役（監査役設置会社の場合）などを選任する（38条1項～3項、40条1項2項）。これらは、会社が成立すれば取締役・監査役などになる者である。原始定款に定める方法により選任することもできる（38条4項）。どの機関設計の場合でも設立時取締役の選任は必須である。取締役会設置会社を設立する場合は、設立時取締役は3人以上でなければならず（39条1項）、そのなかから設立時代表取締役が選定される（47条1項）。

この段階で設立時役員等の選任手続が行われるのは、会社が成立したときに、常設の機関が必要になるからである。また、設立登記も会社を代表すべき者が行うことになる。

募集設立の場合は、創立総会（出資の履行をした発起人および払込みを行った設立時募集株式の引受人で構成。発起人が招集）においてこれらの役員を選任する（88条1項）。

(7) 設立経過の調査

検査役が選任される場合、その調査結果によっては、定款の記載事項の変更が必要になる。発起設立の場合、検査役の調査結果は裁判所に報告され（発起人にも提供）（33条4項～6項）、裁判所は変態設立事項を不当と認めたときは、これを変更する決定をしなければならない（同条7項）。この決定確定後1週間以内であれば発起人は引受けを取り消すことができ、また当該決定で変更された事項を廃止する定款の変更をすることができる（同条8項9項）。募集設立の場合、検査役の調査結果は創立総会に報告される（87条2項1号）。

設立時取締役・設立時監査役によって設立経過の調査が行われる（46条1項）。調査の対象は、現物出資・財産引受けの場合における検査役調査の対象外のものの定款記載価額の相当性、弁護士などによる証明の相当性、出資の履行の完了、その他設立手続が法令・定款に違反していないことである（同項各号）。発起設立の場合、調査の結果、問題があるときは発起人に通知しなければならない（同条2項）。発起人が適宜対処することになる。募集設立の場合は、調査の結果を創立総会に報告する（93条2項）。創立総会は、検査役の調査報告書やこの報告などによって変態設立事項を不当と認めたときは、定款の変更決議をすることができる（96条）。この変更に反対した設立時株主は、決議後2週間以内に限り、株式引受けを取り消すことができる（97条）。

3 設立の登記

　株式会社の実体は以上の手続により形成されるが、法人格取得のためには設立の登記をしなければならない。登記に際しては、添付書類により会社法の求める手続が適法に行われたかどうかが審査される。

　設立の登記は、会社を代表すべき者（設立時代表取締役など）が本店所在地の登記所に申請する（911条1項、商業登記法47条1項）。会社法の規定する一定の事項のあった日から2週間以内に申請する必要がある（911条1項1号2号、同条2項）。登記事項は、目的・商号・本店および支店の所在場所など、同条3項において詳細に規定されている。

　登記申請書には所定の添付書類を添えなければならない（商業登記法47条2項）。登録免許税の納付が必要である。

　株式会社は、その本店の所在地において設立の登記をすることによって成立する（創設的効力）（49条）。発起人に形式的に帰属していた権利義務は、これにより当然に会社に帰属する。出資を履行した設立時株主は、株主になる（50条1項、102条2項）。

4 設立中の法律関係・違法な設立・設立に関する責任

(1) 設立中の法律関係

　会社は登記が完了しないと法人格を有しないので、発起人が会社設立のために取得・負担した権利義務は形式的に発起人に帰属する。それが会社の成立とともに会社に帰属することになる。このような関係を説明するために「設立中の会社」という概念がある。法律に規定があるわけではなく、説明のための技術的概念である。

　発起人が複数いる場合には、その関係は民法上の組合であると一般に解されている（発起人組合といわれる）。定款の作成や株式の引受けなどの発起人の行為は、組合契約の履行として行われるものである。発起人は、発起人組合の構成員であるとともに、設立中の会社の執行機関であるという位置づけになる。

　発起人の行為がどこまでその権限に属するのかという問題がある。すなわち、発起人のどのような行為が設立中の会社に実質的に帰属し、会社成立とともに会社に帰属するかという問題である。会社の設立を直接目的とする行為（定款の作成、株式の引受け・払込みに関する行為など）が含まれるのは当然であり、設立のために必要な行為（設立事務を行う事務所の賃借など）も含まれるものと解される。しかし、営業行為をすること

はできない。いわゆる開業準備行為（会社成立後にすぐ事業を行えるように土地・建物を取得したり、原材料を仕入れるなどの行為）については、これに含まれず、成立後の会社にその効果を帰属させることができないとするのが判例である（1958年、判例百選5事件、商法判例集Ⅰ－19。無権代理人の責任に関する民法117条の類推適用により、発起人は当該契約の責めに任ずる）。

(2) 違法な設立

　会社設立の過程で違法があれば、たとえ登記があっても設立は無効となるはずであるが、会社がいったん成立したという外観ができるに至った場合には、法律関係の混乱を回避するため、会社法は設立無効の訴えによって対処することとしている。無効な法律関係であれば、だれが、どのような方法でも主張できるはずであるが、会社の場合は関係者が多数になるなどの事情から、無効主張の方法を限定したものである。設立無効の訴えは、会社の本店所在地の地方裁判所の専属管轄に属する（835条1項）。

　株式会社の設立の無効は、会社成立の日から2年以内に株主等（株主、取締役、監査役など）が訴えの提起によってのみ主張することができる（828条1項1号・2項1号）。無効原因は法定されていないが、重大な瑕疵がある場合に限られると解される。定款に絶対的記載事項の記載がない、定款に公証人の認証がない、株式発行事項について発起人全員の同意がない、募集設立の場合に創立総会の招集がないなどの事由が考えられる。

設立を無効とする判決（原告の請求を認容する判決）が確定すると、当事者だけでなく、第三者にもその効力が及ぶ（838条）。これを判決の対世的効力（対世効）という。請求棄却の判決は対世効を有しない。無効判決の効力は遡及せず、将来に向かってのみ効力を有する（839条）。当該会社は、清算手続をとることになる（475条2号）。

一方、設立登記はあるが設立手続をまったく行っていないような場合は、「会社の不存在」とされる。この場合には提訴期間や訴えを起こす者の範囲について制限はなく、だれでもいつでも会社の不存在を主張できる。

設立手続が途中で挫折し設立登記に至らなかった場合は、「会社の不成立」である。この場合には、発起人は連帯して、この間に会社設立に関してした行為の責任を負い、設立に関して支出した費用を負担する（56条）。

(3) 設立に関する責任（刑事罰など）

設立に関する発起人などの違法な行為・不正な行為については、罰則の適用がある（960条ほか）。また、過料が科される（976条ほか）。

(4) 設立に関する責任（民事責任）

① 発起人と設立時取締役には、不足額填補責任、すなわち現物出資・財産引受けの対象財産の実際の価額が定款で定めた価額に著しく不足するときに不足額を会社に支払う義務があ

る（連帯責任）（52条1項）。ただし、発起設立においては、発起人が現物出資者・財産の譲渡者であった場合を除いて、一定の場合（検査役の調査を経たとき、または無過失を証明したとき）には免責される（同条2項）。募集設立の場合は、無過失の証明による免責は認められない（103条1項）。

② 払込み・給付を仮装した場合における発起人・設立時募集株式の引受人は、会社に対して金銭等の全額の支払（給付）の義務を負う（52条の2第1項、102条の2第1項）。それに関与した発起人または設立時取締役も責任を負うが、無過失を証明すれば責任を免れる（52条の2第2項。出資の履行を仮装した者は無過失責任）。

③ 発起人・設立時取締役・設立時監査役は、設立についてその任務を怠って会社に損害を生じさせた場合には、会社に対して損害賠償責任を負う（53条1項）。

①から③までの責任は、株主代表訴訟の対象となる（847条1項）。責任を免除するには、総株主の同意が必要である（55条、102条の2第2項）。

④ 発起人・設立時取締役・設立時監査役が、その職務を行うについて悪意または重大な過失があったときは、第三者（株主を含む）に対して損害賠償責任を負う（53条2項）。これは、取締役などの第三者に対する責任（429条1項）と同趣旨の規定である。発起人・設立時取締役・設立時監査役の会社または第三者に対する責任は連帯責任である（54条）。

第4章 株　式

1 株式の意義

(1) 株式という仕組み

　株式は、株式会社の社員（構成員）である株主の地位を細分化して割合的単位のかたちにしたものである。均一の単位にしていることが株式の特徴である。株式の実体をなすものは株主の地位であるが、それを割合的単位のかたちにしたのは、多数の者が株式会社に参加し、またその地位の譲渡を容易にするためである。

　株主の側で株式を１株未満に細分化することはできない（株式の不可分性）。ただし、株式の共有（正確には民法264条の準共有）は可能であり、複数の者でもつことができる。共有の状態は、株式の相続によって生じることが多い。共有者は、共有株式についての権利を行使する者１人を定めて会社に通知することを要する（106条本文）。権利行使者は、共有株式の処分の権利までを有するものではない。権利行使者の指定方法については、持分価格に従いその過半数で決めることができるとするのが判例である（1997年、判例百選10事件、商法判例集Ⅰ－24。有限会社の事案）。

　かつては額面株式と無額面株式があり、額面株式を採用する会社が多かった。また、両者の並存も認められていた。平成13

年改正で額面株式は廃止され、無額面株式のみになって現在に至っている。

　株式が譲渡されると、株主の有するいろいろな権利がまとまったかたちで移転する。いわば束になった権利が、そのまま譲渡されるということができる。最高裁は、有限会社の事例であるが、持分は有限会社の社員たる資格において会社に対して有する法律上の地位（いわゆる社員権）であるとし、いわゆる自益権と共益権を有するとする。そしていずれも直接間接社員自身の経済的利益のために与えられ、その利益のために行使しうべきものであるとし、ただ共益権は権利の性質上、その行使につき一定の制約が存することがあるとする。そして相続人について訴訟の原告の地位の承継を認めた（1970年、判例百選11事件、商法判例集Ⅰ－23）。

　株主総会決議または取締役会決議（一定の要件を満たす場合）によって配当金支払請求権が具体化した場合には、これは通常の債権になるので株主の地位から離れて独立に処分することが可能である。

(2) エクイティとデット

　株式（エクイティ）と負債（デット）は、いずれも株式会社の資金調達手段であるが、法的性格は基本的に異なる。優先株式や新株予約権付社債など、中間的な性格を有するものが増えてきていることに注意を要するが、以下では株式（いわゆる普通株式）と負債の一種である社債（普通社債）とを比較して考

えてみることにしたい。

　社債は、期限に元本が償還されるものであり、それまでの間は発行時に約束した利息が支払われる。会社は、業績の好不調にかかわらず利息の支払をしなければならない。

　これに対して、株主は原則として会社に対して出資の払戻しを請求することができない。また、剰余金の配当はその時々の会社の業績などに依存し、あらかじめ約束されたものではない。会社の清算における分配の順序において、株主は債権者に劣後する（502条、504条）。負債の保有者からみれば、自らに劣後する部分の割合が多いほうが安心である。エクイティ・クッションという概念であり、その額が大きいほうが一般的に負債の返済確実性が高いということになって信用度の評価にも好影響を与えることになる。会社の経営者・財務責任者としては、この点に加えて、利息支払額の大きさ・売上高に対する比率などを勘案して、事業規模や事業内容に適した資金調達方法を選択することになる。

　株主は、会社が負債の保有者に支払った後に残ったものを受け取るということになる。これを一般に残余権（residual claim）という。株主は、事業リスクを負担する者であり、リスク・キャピタルの提供者である。株主は議決権や監督是正権を有するが、負債の場合にはこのような権利はない[1]。株主のリターンについてあらかじめ合意することは困難であるという株式の性格から、株主は議決権を通じた取締役の選任・解任のメカニズムなどによって出資の成果の実現を図ることになる。

株式の劣後的性格に着目すれば株式は投資対象として劣るように思われるが、別の角度からみれば、負債に見合う分を超える企業価値は株主に帰属することになる。その上方ポテンシャルに制限はない。社債の投資家は、会社の業績が劇的に向上しても社債契約（発行要項）に定められた償還・利払いを受け取るだけである。企業価値の向上は、株価に反映され、将来の増配の可能性も高まることになる。ここに投資対象としての株式の妙味がある。株式の残余権としての性格のプラス・マイナスをどう評価するかという問題である。

(3)　株主の義務と権利[2]

　株主は、その有する株式の引受価額を限度として責任を負う（104条）。それ以外に義務や責任はない。株主の有限責任といわれるものは、このように株式引受人が引受価額を限度とする責任を負うことである。昭和23年改正前のように分割払込制であればともかく、現在の全額払込制のもとでは、株主になった時点で出資義務は履行ずみということになる。このように株主の有限責任といわれるものは、株式の引受人が引受価額を限度とする責任を負うにすぎないことを意味する。流通市場で株式

1　社債契約において財務上の特約を定めれば、その範囲内で会社の行為を制限することが可能である。配当制限条項、追加債務負担制限条項、担保提供制限条項などである。財務上の特約は、負債保有者の立場が契約時（資金供給時）よりも劣化することを防ぐためのものである。なお、最近の公募債では、担保提供制限条項以外の財務上の特約が付される発行例は少ないものとみられる。
2　株式の内容と種類については、後述8参照。

第4章　株　　式　57

を取得する者は、取得の対価を支払えばよく、それ以外に会社に対して義務を負うことはない。

　会社法は、株主の権利は、①剰余金の配当を受ける権利、②残余財産の分配を受ける権利、③株主総会における議決権、④その他この法律の規定により認められた権利であると定める（105条1項）。①と②の全部を与えない旨の定款の定めは、無効である（同条2項）。

　これらの株主の権利は、一般に自益権と共益権とに分けて説明される（コラム参照）。これらは学問上の概念であり、法令上の用語ではない。自益権は、会社から直接に経済的な利益を受けることを目的とする権利であり、上記①・②が主なものである。株式買取請求権もこれに含まれる。共益権は、会社の運営に参与し、また取締役などの行為を監督是正する権利（監督是正権）である。株主総会における議決権が共益権の中心であるが、そのほかに株主総会における提案権、代表訴訟を提起する権利などがある。共益権は、その行使が他の株主に影響するため、ある程度の制約を受ける場合がある。

　株主の権利には、1株の株主でも行使できる権利と一定の割合・数を有する株主のみが行使しうる権利がある。前者を単独株主権、後者を少数株主権（複数の株主があわせて行使することも可能）という。自益権は、すべて単独株主権である。共益権は両方があるが、議決権は単独株主権である。代表訴訟の提起権は単独株主権であるが、行使前の6カ月間の株式保有が必要である（非公開会社の場合は保有期間要件がない）。株主総会の招

集権については、総株主の議決権の3％以上の保有が要件である（公開会社の場合は保有期間要件あり）。なお、株主は、会社との間で会社に対して取引債権や貸金債権をもつことがあるが、これは株主としての資格に基づく法律関係ではない。

> **コラム　自益権と共益権**
>
> 　共益権については、その性格をめぐって戦前からいろいろと議論があったが、判例は、「共益権も帰するところ自益権の価値の実現を保障するために認められたものにほかならない」とする（1970年、判例百選11事件、商法判例集Ⅰ-23）。共益権は「株式投資から収益を得ることを確保するための、いわば補助的な権利」（龍田200頁）と理解することが適切であると思われる。
>
> 　少し細かくみた場合に「自益権と共益権をどう分けるかは、通説の中でも意見が一致しない。とくに帳簿閲覧権など、本書が情報収集権と呼ぶものをどちらに入れるかに対立がみられる。」（龍田157頁）、「各種書類等の閲覧等請求権には自益権的性質も認められる。」（森本128頁）という問題がある＊1。
>
> 　株主が、自らの出資の成果を確認するため、また今後の投資方針を検討するためには、会社の情報を必要とする。会社の情報提供は、主として計算書類等によって行われるが、帳簿閲覧請求権はそれを補完する（正確性をチェックする）ためのものである。会社情報の取得は、株主の経済的利益に密接に関連する。たとえば、株主総会で取締役の説明を求める質問は、議決権行使の前提という意味合いのものが多いであろうが、この機会に会社の状況を知りたいという質問もあるであろう。これは、自らの出資の成果を確認しつつ今後の投資判断に役立てるためのものである。
>
> 　自益権・共益権に分ける考え方はドイツに由来するが、現在のドイツでは、「財産権」「共同管理権（または管理権）」という用語が多く用いられるという＊2。
>
> 　こうしてみると、「自益権」「共益権」という二分法的（二項対立的）な整理の仕方やその表現について見直しが必要であるように思われる＊3。
>
> ＊1　米国の株式会社について、R. Clarkは、株主の権利として、

①議決権、②訴えを提起する権利、③情報に対する権利（正当な目的のもとでの調査権）をあげる（R. Clark, Corporation Law（1986）p.93以下）。また、Cox & Hazenは、株主の権利として、支配・管理に関する権利（議決権など）、財産的権利（配当の受領、残余財産の分配など）、是正権・その他の付随的権利（情報収集権、株主代表訴訟の提起権など）の3種類があるとする（J. D. Cox & T. L. Hazen, Corporation Law（2012）p.294）。

* 2 　江頭129頁、泉田栄一「自益権と共益権」（法律時報83巻12号、2011）。「財産権」「行政権」と表現される場合もある（高橋英治『ドイツ会社法概説』（有斐閣、2012）112頁）。

* 3 　「自益権と共益権の区別に代えて、財産的権利、経営参与権、監督是正権、救済的・附随的権利に分けられることもある。」（森本128頁）。

(4) 株主の平等な取扱い

　株主は、株主としての資格に基づく法律関係について、その有する株式の数に応じて平等の取扱いを受けるべきであるという考え方がある。これを「株主平等の原則」という。伝統的にこのように表現されるが、内容的には「株式平等の原則」というほうが正確である。この原則は、技術的な要請に基づくものであり、株主の地位を均一の割合的単位のかたちとするものが株式であることに由来するものである。この原則がないと、株主と会社の法律関係や株式の譲渡などを合理的に処理できなくなるおそれがある（神田71頁）。株主総会における意思決定は資本多数決によるのが原則なので、株主平等の原則は多数決の濫用の抑制（少数株主の利益の擁護）の機能がある。

　会社法は、会社は、株式の内容および数に応じて株主を平等

に取り扱わなければならない旨を規定する（109条1項）。ただし、非公開会社では、配当受領権、残余財産分配権または議決権について、株主ごとに異なる取扱いをする旨を定款で定めることができる（同条2項）。このような定款の定めがある場合には、当該株主の有する株式を内容の異なる種類の株式とみなして、会社法の一定の条文について種類株式と同様に取り扱う（同条3項）。非公開会社の株主になる場合には、定款にこの点に関する定めがあるか否かの確認が必要であろう。

株主平等の原則に関する判例として、配当可能利益（当時の概念）の計上ができなくなった会社が、大株主との間で無配直前の配当の額に見合う金額を報酬や中元・歳暮で支払う約束をしたことについて、株主平等の原則などの趣旨から当該契約は無効と判示したものがある（1970年、商法判例集Ⅰ-26）。

(5) 株主の権利行使に関する利益供与の禁止

株式会社は、何人に対しても、株主の権利、適格旧株主（847条の2第9項）の権利または最終完全親会社等の株主の権利の行使に関し、自己（またはその子会社）の計算において財産上の利益を供与してはならない（120条1項）。この規定は、会社経営の健全性を確保するとともに会社財産の浪費を防ぐためのものであり、昭和56年改正で設けられた。

「何人に対しても」という規定であり、利益供与の相手方は株主に限定されない。「権利の行使」には権利行使をしないこと（たとえば株主総会で質問しないこと）も含まれ、「計算」と

いうのはその行為の経済的効果が帰属するという意味である。形式的に会社以外の者が支出したかたちになっていても、実質的に会社財産から支出されていればこれに該当する。「財産上の利益」とは、金銭に見積もることのできる経済上の利益であり、その種類を問わない。特定の株主に有償で財産上の利益を供与した場合において、反対給付を伴うときでも対価が著しく不均衡な場合には、利益供与があったものと推定される（120条2項）。

この規制に違反した場合には、当該利益供与を受けた者は、それを会社（または子会社）に返還しなければならない（120条3項）。会社や子会社がなかなか返還請求をしないこともありうるため、株主代表訴訟が認められる（847条1項）。当該利益供与に関与した取締役・執行役は、供与額に相当する額の支払義務を負う（120条4項。当該利益供与をした者を除き無過失を立証すれば免責）。

また、違法な利益供与に関与した取締役・監査役・執行役など（使用人を含む）について、刑事罰の適用がある（懲役3年以下または300万円以下の罰金。970条1項）。いわゆる利益供与罪である。情を知って利益供与を受けまたは第三者に供与させた者（同条2項）、利益供与を要求した者についても同様である（同条3項）。これらの罪を犯した者が、その際に会社の役職員に対して威迫の行為をしたときは、刑が加重される（同条4項）。利益供与罪を犯した者（同条1項の罪を犯した者）が自首した場合は、刑を減軽または免除することができる（同条6項）。

2 株式の消却・併合・分割・無償割当て

　会社が発行した株式の数が減る場合として、株式の消却と併合がある。一方、株式の分割と無償割当ては、株式数が増加する場合である。

(1) 株式の消却

　株式の消却とは、株式のうち特定の株式を消滅させることである。株式消却の位置づけについては法制上変遷があったが、会社法は自己株式について株式を消却することができると規定する（178条1項）。取締役会設置会社の場合は、取締役会決議で消却する自己株式の数を定める（同条2項）。

　自己株式の消却は、株価に対して基本的には中立的であると考えられるが、将来における当該自己株式の処分の可能性が消滅すること、すなわちそれが市場に出回る可能性がなくなるため市場から好感される場合がある。

(2) 株式の併合

　株式会社は、株式の併合をすることができる（180条1項）。株式の併合とは、たとえば2株を1株にするように、数個の株式をあわせて少ない数の株式とすることである。平成13年改正前は株式併合ができる場合を限定していたが、同改正によって

特に制限はなくなった。株式併合は、株数を減らすことによって株価を高めたいとき、合併の準備（たとえば合併比率を1対1にする）、キャッシュ・アウト（大多数の株主の保有株式を1株未満とするように併合割合を定めることによる）などのために行われる。

株式併合は、株主の利益に重大な影響を与えるので、そのつど、株主総会の特別決議を要する（180条2項）。その決議では、併合の割合、効力発生日、効力発生日における発行可能株式総数などが定められる。取締役は、その総会において株式併合が必要な理由を説明しなければならない（同条4項）。また、効力発生日の2週間前までに、株主や登録質権者に対する通知または公告の手続が必要である（181条1項2項）。

振替株式については、2週間前までに振替機関に一定の事項を通知する（振替法136条1項）。株式併合の効力発生日に、振替口座簿の保有欄に記録されている株式数について、併合による減少の記録がされる（同条3項）。

株式併合により1株未満の端数が生じたときは、競売して代金を分配するのが原則である（235条1項）が、市場価格がある株式の場合は、市場価格で売却することができる。会社が買い取ることもできる。市場価格がない株式の場合は、裁判所の許可を得て競売以外の方法で売却し、または会社が買い取って代金を分配することも可能である（同条2項、234条2項〜5項）。

株主保護の観点から、以下の手続が設けられている（単元株式制度採用会社では単元株式数に併合割合を乗じたときに1株未満

の端数が生じる場合に限る。182条の2第1項)。①株主の差止請求権（182条の3）、②株式併合により1株に満たない端数となる株式についての反対株主の買取請求権（182条の4）（上記の端数処理手続では適切な対価が交付されないおそれがあるため）、③事前の開示（182条の2、施行規則33条の9）、④事後の開示（182条の6、施行規則33条の10）。

(3) 株式の分割

　株式会社は、株式の分割をすることができる（183条1項）。株式分割とは、たとえば1株を2株にするというように、既存の株式を細分化して多くの株式とすることである。分割比率は整数倍である必要はなく、たとえば1株を1.2株とすることもできる（端数が出た場合は株式併合の場合と同様に金銭処理）。端数処理の問題はあるが、株主の持株比率は大きくは変わらず、会社財産に変更が生ずることもない。取締役会設置会社においては、取締役会決議（非取締役会設置会社では株主総会決議）で行うことができる（同条2項）。

　株式分割は、発行可能株式総数の範囲内で行わなければならない。分割後の発行株式数がその範囲を超える場合には定款変更が必要であるが、この場合の発行可能株式総数の増加のための定款変更は株主総会決議によらないで可能である（184条2項）。ただし、2以上の種類の株式を発行している場合は、原則のとおりとなる（同項カッコ内）。

　株式分割は、高くなった株価を下げて購入しやすくしたり、

株式数を増やして市場性を高めるために用いられる。小幅な株式分割の場合は、分割後も1株当りの配当額が従前と変わらないであろうと市場が受けとめて、株価上昇要因となる場合がある。

(4) 株式無償割当て

株式無償割当ては、株主に対してその持株数に応じて無償で新株の割当てをすることであり、会社法で新たに導入された制度である（185条、186条1項）。株式の発行のほか、自己株式の交付の方法をとることもできる。株式無償割当ては、そのつど、取締役会設置会社においては取締役会決議（非取締役会設置会社では株主総会決議）で行うことができる（186条1項3項）。ただし、定款で別段の定めをすることができる。

株式無償割当ては、経済的な効果は株式分割と同様であるが、法的にはいくつかの違いがある（一問一答75頁）。たとえば、株式分割は同一種類の株式の数が増加することになるが、株式無償割当ての場合は、同種の株式を割り当ててもよいし、異なる種類の株式を割り当ててもよい。また、自己株式は株式分割の対象になるが、自己株式に株式無償割当てをすることはできない（186条2項）。

3 単元株制度

(1) 意　義

　単元株制度とは、定款で定めることにより、株式の一定数（たとえば100株）をまとめたものを1単元とし、株式の議決権は1単元について1個とする制度である（188条1項）[3]。株主管理コストに配慮したものであり、平成13年改正で導入された（従前の単位株制度は廃止）。種類株式発行会社は、株式の種類ごとに単元株式数を定める（同条3項）。

　株主は、単元未満株式について株主総会・種類株主総会において議決権を行使することができない（189条1項）。株主総会における質問権・動議提出権・提案権など、議決権の存在を前提とする権利を行使することもできないと解される。単元未満株式の株主権を定款で制限することについては、一定の制限がある（同条2項、施行規則35条）。

　1単元の株式の数は、1,000および発行済株式数の200分の1のいずれか小さいほうが上限である（188条2項、施行規則34

---

[3] 証券取引所は、単元株式数を売買単位とすると定めている。わが国では8種類の売買単位があったが、全国証券取引所は売買単位の集約化を進めてきている（当面の目標として100株と1,000株の2種類に集約化し、100株への統一を最終的な目標とする）。

条)。あまり大きな株数を1単元とすると株主の利益を害するからである。単元株式数を減少し、または単元株制度を廃止する場合には、株主に利益をもたらすので株主総会決議は不要である（取締役会設置会社では取締役会決議による）(195条1項)。

(2) 単元未満株式の買取り・売渡し

　会社法は、単元未満株主の便宜のために、単元株にまとめるための方策を設けている。すなわち、会社による買取り、および株主に対する売渡しの制度である（後者については定款の定めが必要)。前者は、株主は、単元未満株式について会社に対し買取りを請求することができるというものである（192条1項)。市場価格のある株式についてはその市場価格を売買価格とする。市場価格のない場合には当事者で協議し、協議がまとまらなければ裁判所に価格の決定の申立てをすることになる（193条1項2項)。この場合の会社による自己株式取得について財源規制はない。単元未満株主の投下資本回収機会を確保するためである。

　また、会社は、単元未満株主が、その単元未満株式とあわせて単元株になるような株式を売り渡すことを会社に対して請求することができる旨を定款で定めることができる（194条1項)。単元未満株式売渡請求という。会社は、請求を受けたときに自己株式があるときは、それを売り渡さなければならない（同条3項)。この場合の売渡価格の決め方については、単元未満株式の買取請求の場合と同様である（同条4項)。

4 株券・振替制度

(1) 株券の意義

　株券は、株主としての地位である株式を表章する有価証券である。株券を発行するのは、株主の会社に対する法律関係を明確にし、株式の譲渡を容易にするためである。平成16年改正前は、株式会社は株券を必ず発行しなければならなかった。

　平成16年改正で株券不発行制度が新設された。これは、定款で定めれば株券を発行しないことができるというものである。また、同改正において、株券を発行する会社でも株主から請求があるまで株券を発行しないことができるという規定を設けた（株券未発行の許容）。中小規模の会社では、株式譲渡のニーズも少なく、株券発行義務が課されていても実際には株券を発行しない会社が多かったとみられ、この点では現状追認の改正であった。また、上場会社について振替制度への移行構想があることも考慮された。

　会社法はさらに進めて、会社は原則として株券を発行しないものとした。定款で定めた場合にのみ株券を発行すると規定する（214条）。

(2) 株券発行会社

定款に株券発行の定めのある会社を株券発行会社という（117条7項）[4]。株券発行会社が非公開会社である場合は、株主から請求があるまで株券を発行しないことができる（215条4項）。また、株券発行会社は、定款の定めにより、単元未満株式について株券を発行しないことができる（189条3項）。

株券発行会社において、株券の紛失・盗難などのおそれがあることから株券の所持を望まない株主のために、株券不所持制度がある（217条1項）[5]。

株券を喪失した者は、株券失効制度（株券喪失登録の制度）によって株券再発行のための手続をすることになる（221条ほか）。公示催告・除権判決の制度は、株券には適用されない（233条）。

(3) 株券不発行会社

定款に株券を発行する旨の定めのない会社を株券不発行会社という。振替制度適用会社もこのカテゴリーに含まれる。会社設立時の定款において特に規定を置かなければ、株券不発行会

---

[4] 株券の発行時期（215条1項）、株券の記載事項（216条）についての定めがある。なお、種類株式発行会社は、株券を発行する場合には、全部の種類の株式について株券を発行しなければならない（214条）。

[5] 公開会社・非公開会社のいずれにも適用のある制度である。株主が会社に申し出て行うが、すでに株券が発行されている場合には、株券を会社に提出する（217条2項）。会社は、当該株主について株券を発行しない旨を株主名簿に記載（記録）し、提出された株券は無効となる（同条3項～5項）。

社になる(会社法における原則)。会社成立後に定款を変更して、株券発行会社から株券不発行会社に移行することもできる。株券不発行会社の株主は、会社に対して株主名簿記載事項を記載した書面の交付を請求することができる(122条1項)。この規定は株券発行会社には適用されない(同条4項)。

(4) 振替制度

a 意　義

株式の譲渡が頻繁に行われる場合に、そのつど株券の引渡しを行うことは事務処理上の負担が大きい。株券が存在すれば、紛失・盗難のリスクもある。そこで株式について振替制度を導入することになった。振替制度は、コマーシャル・ペーパーについてまず導入され、次いで債券で行われることになったものであるが、上場株式についても従前の株券保管振替制度から振替制度に移行することになり、平成21年1月5日に上場会社はいっせいに振替制度適用会社になった。

振替制度は、振替機関・口座管理機関から成る多層構造の制度である(口座管理機関の下部に別の口座管理機関が存在しうる)。株式会社証券保管振替機構が振替機関であり、証券会社、金融機関などが口座管理機関である(振替法44条)。

振替株式とは、株券不発行会社の株式(譲渡制限株式を除く)であって振替機関で取り扱われるものであり(振替法128条1項)、そのためには発行者の同意が必要である(振替法13条1項)。この同意は撤回することができない(同条3項)。種類株

式発行会社の場合、ある種類の株式についてのみ振替制度を利用することも可能である（振替法129条3項2号）。

振替機関・口座管理機関に振替口座簿が備えられ、振替株式の権利の帰属は振替口座簿の記載または記録（以下、本節において「記録」という）により定まる（振替法128条1項）。加入者は、その口座簿に記録された振替株式についての権利を適法に有するものと推定される（振替法143条）。自己の口座に振替株式の振替の記録を受けた者は、悪意または重過失がない限り、その権利を取得する（振替法144条）。

b 振替株式の譲渡

振替株式の譲渡は、株式を譲渡しようとする加入者（譲渡人）の申請により、譲受人の口座における保有欄に譲渡株式数の増加の記録を受けることで、その効力が生じる（振替法140条、132条2項）。これにより対抗要件も具備される。譲渡人の口座においては同じ数の株式数の減少が記録される。

c 名義書換え（総株主通知）

株式の譲渡は口座上の振替で行われることから、発行者は振替機関からの情報がない限り、現時点の株主がだれかを知ることができない。振替機関は、基準日などにおける振替口座簿（下位口座管理機関の口座簿を含む）に記載されている株主の氏名・名称、住所、保有株式数などを発行者に通知する（振替法151条1項）。この通知を総株主通知という。総株主通知は、振替口座簿の記録内容を発行者に通知し、株主名簿に反映させるための手続である。これにより、総株主通知の基準となる一定

の日に名義書換えがされたものとみなす（振替法152条1項）。

　発行者は、正当な理由がある場合は、振替機関に対して、費用を支払って発行者の定める一定の日における総株主通知をすることを請求できる（振替法151条8項）。この総株主通知により名義書換えも行われる。

d　少数株主権等の行使

　振替株式についての少数株主権等の行使は、株主名簿に株主としての記載がなくとも認められるが、以下の手続が必要である。株主名簿に記載された株主が少数株主権等を行使する場合も、この手続が必要である。ここで少数株主権等とは、株主の権利のうち基準日を定めて行使される権利以外のものをいう（振替法147条4項）。

　加入者は、自己の口座を開設している直近上位機関（証券会社など）を経由して振替機関に申出をし、その申出に基づき振替機関は当該加入者についての振替口座簿の記録事項を発行者に通知する（振替法154条3項）。これを個別株主通知という。株式数や保有期間などの権利行使要件は、この通知の内容によって判断される。当該株主は、個別株主通知の後、4週間以内に発行者に対して所定の書類を提出して権利を行使する（同条2項、施行令40条）。このように個別株主通知は、少数株主権等の行使の場面では株主名簿に代替するものと位置づけられている（2010年、判例百選17事件、商法判例集Ⅰ-40参照）。なお、個別株主通知がされても名義書換えは行われない。

5 株主名簿

(1) 意　義

　株主の権利行使は、多数の株主によって、集団的に、反復して行われる。株式についての事務処理を確実かつ効率的に行うため、株主名簿の制度が設けられており、その記載または記録（以下、本章において「記載」という）に基づいて権利行使が行われる。株券発行会社の場合も同様であり、株式の譲渡は株券の交付によって行われるが、会社に対する権利行使については株主名簿が用いられる。

　株主名簿は、株主とその持株に関する事項を記載するためのものである。株主の氏名・名称および住所、各株主の有する株式数・種類、株式の取得日などを記載する（121条）。

　会社は、定款で定めることにより、株主名簿管理人を置くことができる（123条）。株主名簿管理人は、会社の委任を受けて、株主名簿の作成および備置きその他の株主名簿に関する事務を行う（同条）。株主名簿管理人は、株主総会の招集通知、配当金支払などに関する事務も行うのが通例である。株主名簿管理人を置くときは、その旨が登記される（商業登記法47条2項6号、同法64条）。

　会社は、株主名簿をその本店に備え置かなければならない

（125条1項）。株主名簿管理人を置く場合には、その営業所に備え置くことができる。株主および会社債権者は、請求の理由を明らかにして営業時間内はいつでも株主名簿の閲覧・謄写の請求ができる（同条2項。親会社社員について同条4項）。

株主名簿の閲覧・謄写の請求に対しては、一定の拒絶事由がある（125条3項）。平成26年改正において、拒絶事由のうち「請求者が当該株式会社の業務と実質的に競争関係のある事業を営み、又はこれに従事するものであるとき」という規定（改正前の同項3号）が削除された。

(2) 基 準 日

一定の時点における株主に権利行使を認めるために、基準日の制度がある（124条1項）。基準日は、権利行使の日の前3カ月以内の日でなければならない（同条2項）[6]。

定時株主総会における議決権は決算期（事業年度末）現在の株主に対して付与され、剰余金の配当の支払の対象も同様とするという実務慣行であるため、3月決算の会社の定時株主総会は6月中旬・下旬に集中する現象がみられる。

(3) 名義書換え[7]

株券発行会社では、株式の譲受人は、株券を提示して株主名簿上の株主の名義を自己のものに書き換えてもらうことになる

---

[6] 定款に定めがある場合を除き、基準日を定めたときは、当該基準日の2週間前までに公告をしなければならない（124条3項）。

(133条2項、施行規則22条2項1号)。株券の占有者は適法な権利者として推定される (131条1項)。

振替株式の場合の名義書換えは、総株主通知に基づいて行われる (前述)。

振替制度適用会社以外の株券不発行会社の場合の名義書換えは、原則として株主名簿上の株主 (またはその一般承継人) と株式取得者が共同して請求する (133条2項)。

(4) 株主への通知・催告

会社が株主に対して行う通知や催告は、株主名簿上の住所または株主が会社に別に通知した場所・連絡先に対してする (126条1項)。そのような通知・催告は、通常到達すべきであった時に到達したものとみなす (同条2項)。配当財産は、株主名簿上の株主の住所等で交付する (457条1項)。このような通知・催告が5年以上継続して到達しない場合には、以後、当該株主に対し通知・催告しなくてよい (196条1項)。この場合に会社の義務 (たとえば配当金の支払義務) の履行場所は、会社の住所地になる (同条2項)[8]。

---

[7] 法文上は、株主名簿記載事項を株主名簿に記載または記録すること (名義書換えに限定されない) (132条1項ほか)。

[8] 株式事務の合理化のため、通知・催告が5年間到達しておらず通知・催告を要しないもの、かつ、継続して5年間剰余金の配当を受領しなかった者の株式については、競売などで売却することができる (197条、198条)。売却代金は、売却した株主に弁済することになるが、その準備をして請求があるのを待つことになろう (供託も可能と解される)。

6 株式の譲渡・担保差入れ

(1) 株式譲渡の意義

株主は、その有する株式を譲渡することができる（127条）。株式の自由譲渡性であり、これが原則であるが後述のように譲渡が制限される場合がある。証券取引所は、譲渡制限株式の上場を認めていない。

株券発行会社の場合は、株式の譲渡は譲受人に株券を交付することによって行われる（株券の交付が権利移転の要件である）（128条1項）。会社以外の第三者に対する対抗要件は、株券の占有である。会社に対しては、株主名簿の名義書換えが対抗要件である（130条2項）。ここで名義書換えが会社に対する対抗要件になるという意味は、名義書換えがあるまでは、譲受人は会社に対して自らが株主であることを主張できないこと、また会社は名簿上の株主を株主として取り扱えば足りるということである。

株券発行会社において、株式を譲渡しようとする時点で株券が未発行である場合には、譲渡しようとする株主は、会社に請求して株券の発行を受け、それを交付することになる（128条2項参照）。株券の占有者は、それに係る株式についての権利を適法に有するものと推定される（131条1項）ため、株券の占

第4章　株　式　77

有者から株券を交付された譲受人は、悪意・重過失でない限り、当該株券に係る権利を善意取得する（同条2項）。

　株券不発行会社であって振替制度適用会社でない会社の場合は、株式の譲渡は意思表示（譲渡するという当事者間の合意）によって効力が生ずると解される。会社をはじめとする第三者に対抗するためには、名義書換えが必要である（130条1項）。

　振替株式については、口座への記録によって譲渡が行われる（前述）。

(2) 株式譲渡の制限

a 法律による譲渡制限

　法律による制限は、会社法によるものとその他の法律によるものがある。会社法による制限は、①会社成立前の株式引受人の地位（いわゆる権利株）の譲渡は、当事者間では有効であるが、会社に対抗することができない（35条ほか）、②募集株式の場合において、出資の履行をすることにより株主となる権利の譲渡についても同様である（208条4項）、③株券発行会社において、会社成立後または募集株式発行後であっても、株券の発行前の譲渡は会社との関係では効力を生じない（128条2項）、④子会社による親会社の株式の取得は原則として禁止される（135条1項）などである。

　会社法以外の法律による制限として、独占禁止法、外国為替及び外国貿易法、日刊新聞紙の発行を目的とする株式会社の株式の譲渡の制限等に関する法律などによるものがある。

b 定款による譲渡制限

同族会社のように株主の個性が重要な会社では、株式の譲渡を制限するニーズがある。会社法は、定款で定めることにより、全部の株式または一部の種類の株式の譲渡を制限する（会社の承認を要する）ことを認める（107条1項1号、108条1項4号）。

歴史的にみれば、昭和25年改正前は定款による譲渡制限可能、同改正で譲渡制限不可、昭和41年改正で再び定款による譲渡制限可能という経過をたどった。会社法は、株式の譲渡制限性を株式の内容の1つとして位置づけた。従前は、全部の株式に譲渡制限をつけるか否かの選択肢しかなかったが、会社法では種類ごとに違う取扱いが可能である。

全部の株式を譲渡制限株式（2条17号）とする場合は、①譲渡について会社の承認を要する旨、②一定の場合（たとえば当該会社の株主が譲受人となる場合）に会社が承認したとみなすときは、その旨および当該一定の場合を定款で定める（107条2項1号）。

株式の種類の1つとして譲渡制限の定めを設ける場合は、その発行可能株式総数と①・②を定款で定める（108条2項4号）。会社による承認は、取締役会設置会社の場合は取締役会決議、そうでない場合は株主総会決議によるが、定款で別段の定めをすることもできる（139条1項）。

定款で譲渡制限の定めを設けたときは、その旨を登記する（911条3項7号）。株券発行会社の場合は、株券に譲渡制限があ

る旨を記載しなければならない（216条3号）。

　会社設立時の定款で定めるだけでなく、会社成立後に定款を変更して全部の株式に譲渡制限を付すことも可能であるが、そのための株主総会決議の要件は通常の定款変更決議（特別決議）よりも厳格である。議決権を行使しうる株主の半数以上（定款で加重可）で、かつ、当該株主の議決権の3分の2以上（定款で加重可）の賛成を要する（309条3項1号）。特殊の決議といわれるものである。株主数が要件の1つになっているのは、保有株式数の少ない株主の利益に配慮したものである。この定款変更に反対する株主には、株式買取請求権がある（116条1項1号）。

　譲渡制限株式を譲り渡そうとする株主は、会社に対して譲渡を承認するか否かの決定をすることを請求することができる（136条）。通常は事前に請求することになると思われるが、譲渡制限株式を取得した者が会社に対して当該譲渡を承認するか否かの決定を請求することも可能である（137条1項）。この場合には、原則として当該株式の株主名簿上の株主と共同で請求する（同条2項）。具体的な請求方法は、138条に規定されている。会社は承認するか否かを決定し、譲渡等承認請求者に通知する必要がある（139条1項2項。2週間以内に通知をしなかった場合のみなし承認につき145条1号）。これらの請求者は、会社が承認をしない場合は、会社による買取り（140条1項）または指定買取人による買取り（同条4項）を求めることができる（138条1号ハ・2号ハ）[9]。会社または指定買取人による譲渡等承認

請求者への買取りの通知と一定額の供託の制度がある（141条、142条）。この通知を受けた後は、会社または指定買取人の承諾がない限り、譲渡等承認請求者は請求を撤回することができない（143条1項2項）。承認の決定、会社による買取りの決定、指定買取人の指定について、それぞれの決定方法の定めがある（139条1項、140条2項、同条5項）。以上のように株式に譲渡制限がある場合でも、株主の投下資本回収の手段が講じられている。

譲渡制限がある株式について譲渡が行われ、会社の承認がない場合でも当事者間では譲渡は有効であるとするのが判例である（1973年、判例百選19事件、商法判例集Ⅰ-35）。その後の判例は、会社との関係ではこのような譲渡は効力がなく、会社は譲渡前の株主を株主として取り扱わなければならないとする（1997年、商法判例集Ⅰ-42）。

会社は、定款で定めることにより、譲渡ではなく相続などの一般承継によって譲渡制限株式を取得した者に対して、当該株式を会社に対して売り渡すよう請求することができる（174条）。会社は、一般承継があったことを知ってから1年以内に請求することが必要である（176条1項ただし書）。一般承継によって株主構成が変わることが、他の株主にとって望ましくな

9　会社または指定買取人と譲渡承認請求者との協議によって売買価格を定めるが、協議不調の場合は、一定期間内の当事者の申立てにより裁判所が決定する（144条1項・2項〜4項・7項）。協議不調で、かつ、申立てのないときは、1株当り純資産額を基準とした額を売買価格とする（同条5項7項）。

い場合における対応が可能となる。

c 契約による譲渡制限

株主間の契約によって、株式の譲渡に一定の制限を設けることがある。このような契約は、当事者間では有効であると解される。従業員持株制度において、従業員が退職するときは会社または会社の指定した者に取得価額と同額で譲渡することを義務づける契約について、判例はその有効性を認めた（1995年、判例百選21事件、商法判例集Ⅰ－43）。

(3) 株式の担保差入れ

株式を担保に入れることは可能であり、会社法は、株主はその有する株式に質権を設定することができると定める（146条1項）。質権設定の方法として略式質と登録質の方法がある。また、株式を担保に入れる方法として譲渡担保も可能である[10]。

株券発行会社の場合は、株券の交付によって質権設定の効力を生ずる（146条2項）。株券を継続して占有することが会社などの第三者に対する対抗要件である（147条2項）。これが略式質であり、質権設定の事実を発行会社に知られたくない場合に利用される。また、質権設定者は、株主名簿に質権者の氏名・名称および住所を記載することを請求することができる（148条）。これが登録質である[11]。

---

10 伊藤＝大杉＝田中＝松井119頁以下参照。

株券不発行会社の株式（振替株式を除く）の質入れは、質権者と質権設定者の合意によって質権が成立し、株主名簿への質権者の氏名などの記載が、会社その他の第三者への対抗要件になる（147条1項）。

　振替株式については、質権を設定しようとする加入者の申請により、質権者がその口座における質権欄に増加の記録を受けることによって質権が成立する（振替法141条）。この記録は株券の継続占有に相当する。登録質は、総株主通知の際に、質権設定者の了承のもとに、振替株式が質権欄に記載されている加入者（質権者）の申出により質権者の氏名・名称および住所が発行会社に通知され、会社が株主名簿に記載（記録）したものである（振替法151条3項）。発行者にこのような通知が行われないものが、略式質である。質権者から申出がない場合は、質権設定者が株主として会社に通知され、株主名簿には質権に関する事項は反映されない[12]。

11　登録質の場合には登録株式質権者は、会社から直接に剰余金の配当などの給付を受ける（151条1項）。登録株式質権者は、給付を受けるものが金銭の場合は、それを受領し、他の債権者に先立って自己の債権の弁済に充てることができる（154条1項）。ただ、実際に登録質の方法がとられることは少ないといわれる。

12　振替株式においても「略式質が制度上の原則とされているということができる」（大系169頁［神田秀樹］）。株式担保取引の匿名性が確保されている。

7 自己株式

(1) 規制の経緯

自己株式は「株式会社が有する自己の株式」と定義される（113条4項）。

わが国の商法は、ながらく自己株式の取得に対して原則禁止という抑制的な姿勢をとってきた。これは、①自己株式の取得が実質的な株主への出資の払戻しになる場合があり、その財源いかんによっては会社債権者を害するおそれがあること、②流通性の低い株式を一部の株主のみから取得すると株主の投下資本回収の可能性について株主間で不公平が生ずること、③会社経営者による不公正な取引（相場操縦行為、インサイダー取引など）になる懸念があることなどによるものであった。

しかし、平成13年改正でその方針が転換され、一定の規制のもとに自己株式の取得と保有が原則として容認されることになった。会社法は、これを引き継いでいる。なお、子会社による親会社株式の取得は原則として禁止される（135条1項〜3項）。

(2) 自己株式の取得事由

会社が自己株式を取得する場合はさまざまである。自己株式の取得が株式の内容になっている場合（取得条項付株式の取得、

全部取得条項付種類株式の取得など）のほか、譲渡制限株式の取得、単元未満株式の買取りの場合があり、さらに株主総会決議に基づく取得がある。最後の場合は、株主との合意に基づく取得（156条1項）であり、会社法は一般的な自己株式の取得を許容している。この場合、原則的な手続（すべての株主に申込機会を与える取得の場合）は株主総会の決議（普通決議）であるが、一定の要件を満たす場合には定款の定めにより取締役会に権限を委譲することができる（459条1項1号）。ただし、特定の者から取得する場合の手続は厳格であり、株主総会の特別決議で特定の者の氏名・名称を含めて決議しなければならない（160条1項、309条2項2号）。株主総会の2週間前までに株主への通知が必要であり、他の株主も原則として自らを売主に加えることを請求することができる（160条2項3項)[13]。

　取締役会設置会社において、市場取引または金融商品取引法の規定する公開買付けの方法（あわせて「市場取引等」という）によって自己株式を取得する場合は、定款でその旨を定めることにより、取締役会決議によって自己株式を取得することができる（165条1項2項）。上場会社の場合、この方法で自己株式

---

[13] ただし、市場価格のある株式で一定の要件を満たした場合（161条、施行規則30条）には売主追加請求権はない。また、株主の相続人等から取得する場合で一定の場合には売主追加請求権はない（162条）。市場がある場合には、売却を希望するものは市場での売却が可能であるから売主追加請求権を認めないこととしている。また、売主追加請求権は、定款で定めることにより、排除することができる（164条1項）。この定款の定めは、原始定款で規定するか、または株主の全員が同意した定款変更によることが必要である（同条2項）。

の取得を行うことが多い。

　自己株式の取得は、払い込まれた出資金を株主に返還することに等しいため、財源規制がある（461条1項1号～7号）。自己株式の取得の対価が効力発生日における分配可能額を超えるときは、原則として自己株式を取得することはできない。一定の場合（単元未満株式の買取りの場合、組織再編行為手続のなかで行われるものなど）には、財源規制がない。

　財源規制に違反した場合、当該自己株式取得に関係した株主と取締役などには、違法配当の場合と同様の支払義務がある（462条1項。このほか業務執行者の責任につき、464条、465条）。会社の計算で不正に自己株式の取得が行われた場合に罰則の適用がある（963条5項1号）。

(3) 自己株式の保有・消却・処分

　会社は、取得した自己株式を保有することができ、保有期間に制限はない（いわゆる金庫株）。会社は、その保有する自己株式について議決権を有さず（308条2項）、剰余金の配当をすることができない（453条）。残余財産分配請求権がない（504条3項）。株主割当てで行われる場合の募集株式・募集新株予約権の割当てができない（202条2項、241条2項）。自己株式の取得により株主に交付された金銭等の額は、貸借対照表の純資産の部に控除項目として計上される（計算規則76条2項5号）。

　会社は保有する自己株式をいつでも消却し（178条1項）、または処分することができる。

8 株式の内容と種類

(1) 意　義

　会社は、権利の内容に差異のある株式を発行することができる。内容の異なる株式を認めているのは、資金調達の多様化や支配関係の多様化を可能にするためである。

　一般に普通株式という用語が用いられるが、これは定款に何も定めのない株式のことであり、会社が特段の措置をしなくても会社法によりその権利内容が定まっている株式ということができる（神田75頁）。なお、会社法に「普通株式」という用語はない。

　商法は、株式の多様化に対して慎重な姿勢であったが、平成13年改正・平成14年改正で株式の種類が増加した[14]。

　会社法は、定款の定めにより、一定の範囲内でいわゆる普通株式と異なる内容の株式を発行することを認めている。2つの場合があり、①全部の株式の内容として特別なものを定めること（107条）、②内容の異なる複数の株式を発行すること（108条）である。108条に基づいて権利内容の異なる株式についての定款の定めを置くと、その時点で、すべての株式が種類株式

---

[14] 商法制定以来の種類株式制度の沿革については、松尾健一『株主間の公平と定款自治』（有斐閣、2010）6頁以下参照。

になる（論点解説54頁）[15]。複数の種類の株式を発行する場合には、いわゆる「普通株式」も「種類株式」の1つである（論点解説55頁）。2条13号に、種類株式発行会社の定義がある（定款に定めがあれば、実際に種類株式を発行していなくても種類株式発行会社になる）。

全部の株式の内容として定めることができるのは、次の3つの場合である（107条1項）。①譲渡制限株式（譲渡について会社の承認を要する）、②取得請求権付株式（株主から会社に対して取得請求ができる）、③取得条項付株式（一定の事由があるときに会社が取得できる）である[16]。この3つ以外の内容を全部の株式の内容とすることはできない。②・③は、会社法によって認められたものである。ここで「取得」とは、いずれも会社による取得を意味する。②・③について、全部の株式をこのいずれかの設計とすることは、会社の存続態様や清算のあり方との関連で検討される場合がありうるが、そのニーズはきわめて限定的とみられる。

(2) 種類株式

内容の異なる種類の株式として認められるのは、108条1項各号が定める9つの事項についてであるが、説明の便宜上、剰

---

[15] これに対して、107条の定めを設けた場合には、すべての株式が同じ内容となるため、「種類」という概念を用いることは適当ではない（論点解説54頁）。
[16] 会社が定款変更によって107条1項3号の取得条項を設けるときは、株主全員の同意を要する（110条）。

余金の配当と残余財産の分配に係るものについてはあわせて説明する。なお、これらの法定されたもの以外の事項について内容を異なるものとすることはできない。

既存の株主の利益を害することもありうるため、それぞれの種類株式について、定款で発行可能種類株式総数と内容についての所定の事項を定めなければならない（108条2項柱書）。なお、剰余金の配当などについては、施行規則（20条1項）による制限の範囲内で、定款で内容の要綱だけを規定しておき（配当財産の種類は定款で定める）、具体的な内容は、発行時までに株主総会の決議によって定めることが可能であり、取締役会設置会社の場合は定款で定めれば取締役会決議によって決定することができる（108条3項）[17]。

異なる種類の株主間の利害調整のため、種類株主総会の制度が設けられている（2条14号に定義）。種類株主総会には、法定のもの（321条〜325条ほか）と定款の定めに基づくもの（g・hの場合）がある。

a　剰余金の配当・残余財産の分配に関する種類株式

剰余金の配当や残余財産の分配について、他の株式よりも優先的な扱いを受けるものを優先株式（または優先株）という。配当などの優先権をいわば甘味剤（sweetner）として、資金調達を容易にしようというものである。一方、配当などについて劣後する扱いを受けるものを劣後株式（または後配株式）とい

---

[17] 「この要綱は、株主が種類株式の発行について賛否の合理的判断をするに足りる程度のものでなければならない。」（森本247頁）。

う。劣後株式は既存の株主の利益に配慮するものであるが、業績のよい会社であれば、このような設計でも投資家に受け入れられる可能性がある。また、剰余金の配当については優先するが、残余財産の分配では劣後するという設計もできる。いわゆる混合株式である。

配当優先株式については、商品設計により、普通株式に近い性質のものと社債に近い性質のものがある。参加的・非参加的の区別があり、優先配当金への支払を受けた後、さらに残余の分配可能額からの配当も受け取れるものを参加的優先株式、これに参加できないものを非参加的優先株式という。また、累積的・非累積的の区別があり、ある事業年度について所定の優先配当の全額の支払を受けることができなかったときに、不足分について次年度以降補償支払が行われるものを累積的優先株式、このような繰越しのないものが非累積的優先株式である。これらの2つの区別を組み合わせることになるが、非参加的累積的優先株式は、社債に近い商品性になる。

b 議決権制限種類株式

株主総会で全部または一部の事項について議決権の行使ができない株式をいう[18]。会社にとっての利点は、会社の支配関係に大きな影響を与えることなくエクイティ性の資金調達ができることにある。配当などの条件がよければ、株主総会での議決権には関心がない投資家を対象とするものである。

議決権を行使しうる事項、行使の条件などを定款で定める。いわゆる議決権復活条項を定めることができ、これは行使の条

件の例である。平成13年改正前は、配当優先株式についてのみ議決権を有しない旨を定款で定めうるとしていた。すなわち、配当優先株式の付加的な属性として無議決権とすることが可能とされていたが、同改正により独立の種類の株式とされた。

このような株式をあまり多く認めると、少数の議決権のある株式で会社が支配されるおそれがある。公開会社においては、議決権制限株式が発行済株式総数の2分の1を超えた場合には、直ちに、それを2分の1以下にするための必要な措置をとらなければならない（115条）。

c 譲渡制限株式

譲渡に際して会社の承認を得ることが必要な株式である（6(2)参照）。会社法は、譲渡制限性を株式の内容の1つとしている。全部の株式の内容とすることも、一部の種類の株式の内容とすることも可能である。

d 取得請求権付株式

株主が会社に対して株式の取得を請求することができる株式である。株主は、株式を会社に取得させ、その対価を得ること

---

18 議決権の制限の方法は、ある事項につき議決権を行使できるか否かというかたちのみであって、1株に複数議決権を付与するとか、一定以上の株式を有する株主の議決権に上限制・逓減制を敷くなどのかたちは認められない（江頭145頁）。もっとも、株式の種類ごとに異なる単元株式数の定めをすることにより、実質的に複数議決権株式をつくることが可能である（神田85頁、伊藤＝大杉＝田中＝松井82頁）。この点については、「その是非について正面から議論する必要がある。」（森本249頁）という指摘がある。単元株制度を利用した最近の事例を題材として分析したものとして、加藤貴仁「議決権種類株式は資本市場を破壊するのか」（資本市場研究会「企業法制の将来展望（2015年度版）」所収）。

になる。株主から請求があれば、会社は取得しなければならない。全部の株式の内容とすることも、一部の種類の株式の内容とすることもできる。たとえば、議決権制限株式・優先株式と組み合わせて設計することも考えられ、投資家が当面は議決権制限がある優先株式を選好するが将来的には普通株式に切り替える選択権をもちたいという場合に、取得請求権を付す方法が考えられる。

　定款で対価の種類・価額、請求期間を定める必要がある。原則として財源規制があり、交付すべき対価の帳簿価額が分配可能額を超えるときは、株主は取得請求をすることができない（166条1項ただし書）。

e　取得条項付株式

　一定の事由が生じたときに、会社が取得することができる株式である。全部の株式の内容とすることも、一部の種類の株式の内容とすることもできる。株主の同意は要件ではないので、強制取得株式ともいうことができる。会社法制定前の、償還株式の一種（会社に償還権のあるもの）や強制転換株式に相当するものである。

　「一定の事由」を定款で定めるが、会社が「別に定める日」の到来とすることもできる。会社に取得するか否かの選択の余地を与えるものである。取得対価の種類などを定める必要がある。取得請求権付株式と同様の財源規制がある（170条5項）。

f　全部取得条項付種類株式

　株主総会の特別決議により、当該種類の株式について、会社

がその全部を取得することができる株式である。取得条項付株式が一定の事由が生じたことによって取得できるのに対して、この制度では株主総会決議で取得できる点が異なる。

この制度は、私的整理などで発行株式全部を消却すること（いわゆる100％減資）をスムーズに行うために会社法で導入されたが、法文の文言上そのような場合に限定されていないことから、公開買付けの実施後におけるキャッシュ・アウト（少数派株主全員に金銭を交付して会社から退出させること）の手段として利用される場合が少なくない。

定款で、取得対価の価額の決定方法（171条1項1号）、株主総会の決議が可能か否かの条件を定めるときはその条件を定める（108条2項7号）。取得対価の価額（算定方法）、取得日などは、株主総会決議で決定する（171条）。反対株主は、裁判所に取得価格決定の申立てをすることができる（172条1項）。株式買取請求権と同じ機能をはたすものである。

平成26年改正において、事前の開示・事後の開示に関する規定が設けられた（171条の2、173条の2）。また、差止請求の制度が導入された（171条の3）（改正の趣旨について一問一答(2014) 266頁以下参照）。

g 拒否権付種類株式

株主総会で決議すべき事項（取締役会設置会社では株主総会または取締役会で決議すべき事項）について、当該決議のほかに、種類株主総会の決議も必要とする株式である（この種類株式の株主は、当該決議事項についていわば拒否権を有することになる）。

平成13年改正で導入されたものである。会社法制定前は、拒否権は、ある種類株式の存在を前提としてそれに付加される属性とされていた（それ自体は株式の種類ではない）が、会社法のもとでは独立の種類の株式である。合弁会社やベンチャー企業において利用されることがあるようである。株式の内容とすることの意義は、当該種類株主の株主の地位を得れば（当該種類株式を取得すれば）、株主の権利として会社法上の効力を有することになることにある。

h　取締役・監査役の選任についての種類株式

非公開会社（指名委員会等設置会社でないもの）は、その種類株式を構成員とする種類株主総会で取締役または監査役を選任することを定めることができる。クラス・ボーティング制度といわれる。平成14年改正で導入された。株主間合意を会社に対しても有効とするためのものである。経営者支配がさらに強化されるおそれがあるため、公開会社では認められない。

このようにして選任された取締役は、特定の種類の株主に対してではなく、会社全体に対して善管注意義務および忠実義務を負う（神田89頁）。監査役の善管注意義務についても同様である。取締役または監査役は、いつでもその選任をした種類株主総会の決議で解任される（347条1項による339条の読替え）。

第5章 株式会社の機関

1 機関設計

(1) 意　義

　会社は法人であり、会社自身の名で権利を有し義務を負う。しかし、法人が自ら意思決定をしたり、行為をすることはできない。一定の自然人（代表取締役など）や会議体（株主総会、取締役会など）が意思決定をし、一定の自然人が行為をすることが必要である。このような自然人や会議体が会社の機関である。

　株式会社の機関に関する規律は、会社法になって大きく変わった。有限会社を株式会社に統合したことなどによるものであり、機関設計の柔軟化といわれる（争点122頁［山下友信］）。平成26年改正において、新しい機関設計として監査等委員会設置会社が導入され、従来の委員会設置会社は名称が変更されて指名委員会等設置会社となった。

　すべての株式会社について株主総会と取締役は必ず置かなければならず、これがミニマムの機関設計である。また、機関設計の柔軟化といっても、会社の規模が大きい場合や公開会社の場合は一定の機関設計が求められる。したがって、ある程度の枠組みがあるなかでの選択肢の多様化である。理論的な組合せは多いが、実際には機関設計の型はいくつかに収れんしてい

る。上場会社についていえば、現状はほとんどが監査役会設置会社である。そのほかは、監査等委員会設置会社または指名委員会等設置会社である（以下、説明の便宜上、両者をあわせて述べる場合には「委員会設置型の会社」という）[1]。

(2) 機関設計の選択肢

会社法は、株主総会とそれ以外の機関を分けて規定している。326条以下が株主総会以外の機関についての規定である。委員会設置型の会社でない場合における株式会社の機関設計の概略を述べると、以下のとおりである（図表5－1参照）。

① すべての株式会社において株主総会と取締役が必要
② 公開会社は取締役会が必要
③ 取締役会を置く場合は、原則として監査役（会）が必要
④ 大会社には会計監査人が必要
⑤ 会計監査人を置くためには監査役（会）が必要
⑥ すべての株式会社で会計参与を任意に設置することが可能（ただし、会計監査人が置かれる場合は実際問題として設置されない）

---

[1] 東京証券取引所は、有識者会議（金融庁・東証が共同事務局）が策定した原案（2015年3月）に基づきコーポレートガバナンス・コードを有価証券上場規程の「別添」として規定した（2015年6月1日より適用）。同コードは、上場会社を対象とするものであり、Comply or explain（遵守せよ、さもなくば説明せよ）の考え方で策定されている。上場会社は、同コードに従う義務はないが、遵守しない場合には理由を説明しなければならない。上場会社の今後の機関設計の選択やその運営に関しては、同コードの内容が少なからず影響を与えるものとみられる。

図表5－1　機関設計の選択肢

	規　模	
	大会社	非大会社
公開会社	取締役会＋監査役会＋会計監査人 委員会設置型の会社	取締役会＋監査役（会）＋（会計監査人） 委員会設置型の会社
非公開会社 （全株式譲渡制限会社）	取締役＋監査役＋会計監査人 取締役会＋監査役（会）＋会計監査人 委員会設置型の会社	取締役 取締役＋監査役 取締役会＋監査役（会）＋（会計監査人） 委員会設置型の会社 　　　　　　　　　　など

（注1）　大会社……資本金5億円以上または負債額200億円以上
（注2）　委員会設置型の会社
　　　　・監査等委員会設置会社……取締役会＋監査等委員会＋会計監査人
　　　　・指名委員会等設置会社……取締役会＋3委員会等（指名委員会・監査委員会・報酬委員会、執行役）＋会計監査人

　以上により、大会社かつ公開会社であって委員会設置型の会社でない場合には、取締役会、監査役会、会計監査人が必置である（328条1項）。大会社は、公開会社でない場合でも会計監査人が必置である（同条2項）。大会社とは、資本金5億円以上または負債の合計額が200億円以上の株式会社をいう（2条6号）。

中小規模の株式会社は、そのほとんどが非公開会社[2]で非大会社であるが、この場合の機関設計は選択肢が多い。

　選択した機関設計は、定款で定め、登記する（911条3項15号ほか）。

　会社法において公開会社とは、発行する株式の全部または一部について定款に譲渡制限の定めがない株式会社をいう（2条5号）。言い換えれば、発行予定の株式も含め、全部の株式について譲渡制限の定めのある会社が公開会社でない株式会社、すなわち非公開会社である（全株式譲渡制限会社といわれる場合がある）。日常の用語法では、株式の公開とは株式の上場（店頭市場がある場合には店頭登録も）を意味する表現であるが、会社法上の公開会社の概念は必ずしもこの意味での公開と同じではない。

2　法文上の表現は、「公開会社でない株式会社」である。

2 株主総会

(1) 権　限

　株主総会は、株式会社の社員（構成員）である株主が意思決定を行う機関である。また、一定の範囲で監督機能を有する。

　株主総会は、株主全員によって構成され、その議決によって意思決定が行われる。株主総会は会議体であるから、執行行為はできない。執行は、取締役会設置会社の場合は代表取締役などの業務執行取締役または執行役が行う。

　株主総会の権限は、取締役会設置会社と取締役会設置会社以外の会社（以下、「非取締役会設置会社」という）とでは大きく異なる。非取締役会設置会社の株主総会は、決議すべき事項に特に制限はなく、いっさいの事項について決議することができる（295条1項）。

　これに対して取締役会設置会社の場合は、会社法の規定する事項および定款で定めた事項に限り決議することができる（295条2項）。取締役会が株式会社の中心的な意思決定機関であり、株主総会は、役員の選任・解任、基本的な事項などに限って意思決定をする機関である。すなわち、①役員（取締役・監査役など）・会計監査人の選任・解任、②会社の基礎的変更に関する事項（定款変更、合併・会社分割などの組織再編行為、解散な

ど)、③株主の重要な利益に関する事項（剰余金の配当など）[3]、④取締役に任せたのでは株主の利益が害されるおそれがある事項（取締役の報酬等の決定など）が法定事項である[4][5]。

(2) 招　　集

会社は、毎年1回、定時株主総会を招集しなければならない（296条1項）。このほかに必要に応じて招集される臨時株主総会がある（同条2項）。

株主総会の招集は、取締役が行う（296条3項）。法文上は取締役とされているが、取締役会設置会社では代表取締役がこれを行うべきものであると解される。取締役会設置会社の場合には、取締役会において、株主総会の日時・場所、目的事項（いわゆる議題）などを決定する（298条1項4項）。取締役会設置会社の株主総会は、原則として議題とされた事項以外について

---

[3] 剰余金の配当など一定の事項の決定は、一定の要件（定款の定め、取締役の任期1年など）を満たす場合には取締役会決議限りで行うことができる（459条1項）。

[4] 取締役会設置会社についていえば、株主総会において株主にいくつかの事項について議決する権限を与えているのは、それらの事項について自ら主導的に意思決定をするというよりは、株主に取締役会の提案に対して拒否する権能を与えているとみることが適切であろう。

[5] 買収防衛策導入の議案が定款変更議案ではないかたちで株主総会に提出された場合に、その決議の法的性格をどう考えるべきかという問題がある。一種の勧告的決議として位置づけるという見解が多いようであるが、なお分析・検討を要するものと思われる（座談会「会社法への実務対応に伴う問題点の検討」（商事法務No.1807、2007年8月）、大隅＝今井＝小林380頁も参照）。勧告的決議について慎重な見解として、『論点体系　会社法2　株式会社Ⅱ』［松井秀征］（第一法規、2012）404頁。

は、決議することができない（309条5項）。非取締役会設置会社の株主総会は、招集者が目的事項として定めた事項以外についても決議することができる（309条5項対比）。

株主に出席の機会と準備の期間を与えるため、招集通知を株主総会の日の2週間前までに発しなければならない（299条1項）。議決権を有しない株主には通知しなくてよい。非公開会社の場合は、原則1週間前までに招集通知を発すればよい（同項カッコ内）。株主全員が同意した場合には、原則として招集手続なしで開催することができる（300条本文）。

株主（議決権の3％以上、6カ月保有などの要件を満たす場合）は、取締役に対して会議の議題と招集の理由を示して株主総会の招集を請求することができ（297条1項）、招集手続がとられないなどの場合には、裁判所の許可を得て自ら招集することができる（同条4項）。非公開会社の場合は、議決権の保有期間要件はない（同条2項）。

(3) 株主の提案権

株主の提案権には、議題の提案権と議案の提案権の区別がある。議題とは会議の目的事項であり、議案とはそれに関する具体的な提案である。たとえば、前者は取締役の選任を会議の目的事項とする提案であり、後者は議題の具体的な内容である取締役Aの選任の提案である。

株主の提案権について、①取締役会設置会社かつ公開会社、②取締役会設置会社かつ非公開会社、③非取締役会設置会社に

分けて述べる(株主総会の場における議案提出権については後述)。

①の場合、一定の要件を満たす株主、すなわち議決権の1％以上または300個以上の議決権、6カ月前からの保有などの要件（いずれも定款で引下げ可）を満たす場合は、議題の提案権がある（303条2項）。これと同じ要件を満たす株主は、株主総会の議題につき、提出しようとする議案の要領を株主に通知することを請求することができる（305条1項）（株主総会参考書類の記載事項について施行規則93条）。議題の請求・議案要領通知請求は、いずれも総会の会日の8週間前（定款で短縮可）までにすることを要する（303条2項、305条1項）。当該議案の内容が法令・定款に違反する場合、または実質的に同一の議案について10分の1以上の賛成が得られなかった総会から3年を経過していない場合は、議案要領通知請求をすることができない（305条4項）。

取締役会設置会社の場合は、原則としてあらかじめ決定された議題についてのみ決議することができるとされており（309条5項、298条1項2号）、株主からの当日の議題の提案はできない。

②の場合、議決権の保有期間要件がない（303条3項、305条2項）。

③の場合、議決権数要件がなく（単独株主権）、保有期間要件もない（303条1項、305条1項本文）。また、議題の提案は、事前でも当日でも可能である。議案要領通知請求は、総会の会日の8週間前までにしなければならない（305条1項本文）。

株主総会の会場において、株主は議題とされている事項について議案の提出権を有する（304条本文）。これは単独株主権である（取締役会設置会社でも単独株主権）。ただし、議案が法令・定款に違反する場合など一定の事由に該当する場合は、会社はその提案を拒絶することができる（同条ただし書）。株主数の多い会社の株主総会では書面投票が多数を占めるのが通例であるから、あらかじめ提案の内容が株主全般に知らされている場合でなければ、このような当日の提案の実効性には限界があろう。

招集手続・決議の方法を調査させるための検査役（裁判所が選任）の制度があり、会社または一定の要件を満たす株主に事前の選任申立権がある（306条）（総会検査役といわれる）。株主総会の混乱が予想される場合などに備えるものである。検査役の報告があった場合、裁判所は、必要があると認めるときは、取締役に対して株主総会の招集などを命じなければならない（307条1項）。

(4) 議決権

株主総会は、多数決によって決議が行われる。この場合の多数決は持株数による（株主の頭数によるのではない）。株主の議決権は、原則として1株について1個である（308条1項）。出資額の多い株主はそれに見合う発言権が与えられるべきであるという考え方である。非公開会社については、定款で定めれば、議決権について株主ごとに異なる扱いをすることができる

（109条2項）。

　単元株制度が採用されている場合は、1単元について1個の議決権である（308条1項ただし書）。単元未満の株式は議決権を有しない。議決権を制限する種類株式がある。

　会社は、自己株式については、議決権を有しない（308条2項）。また、相互保有株式について議決権の制限があり、会社が議決権の4分の1以上を保有するなどの要件に該当する株主は、議決権を有しない（同条1項本文カッコ内、施行規則67条）。すなわち、A会社がB会社の4分の1以上の議決権を有する場合には、B会社の有するA会社の株式については議決権が認められない。

　議決権は、株主が株主総会に出席して行使するのが原則であるが、代理行使も可能である（310条1項）。定款で代理人の資格を株主に限ることができる（1968年、判例百選34事件、商法判例集Ⅰ－72）。このような定款の定めがあっても、法人の有する株式について、株主ではない、当該法人の職員・従業員に議決権を行使させることができる（1976年、判例百選39事件、商法判例集Ⅰ－81）。代理権を証する書面（委任状）を会社に提出する。この代理権の授与は、株主総会ごとにしなければならない（同条2項）。

　書面投票制度がある場合には、書面による議決権の行使が可能である（311条1項、施行規則69条）。議決権を行使しうる株主の数が1,000人以上の会社については、書面投票制度が義務づけられる（298条2項）。この制度を採用した場合には、招集通

知とともに株主総会参考書類と議決権行使書面を交付しなければならない（301条1項）。書面投票によって行使された議決権は、出席株主の議決権の数に算入される（311条2項）。

会社は、株主総会に出席しない株主のために、電磁的方法による議決権行使を認めることができる（298条1項4号）。インターネットを利用しての議決権行使であり、通常は会社の設置する議決権行使ウェブサイトにアクセスして行われる（312条）。この方法は、書面投票制度と併用することができる。

議決権の不統一行使の制度がある（313条1項）。名義株主と実質株主が異なる場合に、実質株主の意思を反映させるための制度である。株主が他人のために株式を有する者でない場合には、会社は不統一行使を拒むことができる（同条3項）。取締役会設置会社の場合は、株主総会の日の3日前までに不統一行使をする旨およびその理由を会社に通知しなければならない（同条2項）。

(5) 議事運営

株主総会の議事運営に関し、議長の権限について定めがある。議長は、総会の秩序を維持し、議事を整理する（315条1項）。議長は、その命令に従わない者や株主総会の秩序を乱す者を退場させることができる（同条2項）。

だれが議長になるかについては、定款に定めがあるのが通例である。ただし、少数株主の招集した株主総会の場合は、定款の定めにかかわらず、当該総会において別に議長を選任するこ

とができると解される。

株主総会の議事運営についての法定事項は少なく、定款と慣行に委ねられる場面が多い（1996年、商法判例集Ⅰ-76参照。従業員を前列に座らせた株主総会の決議に係る損害賠償請求の事案）。

延期と続行については、あらためて招集手続を行う必要がない（317条）。延期とは、議事に入らないで総会を延期することであり、続行とは議事に入ったが審議が終わらないため後日に継続することである。いずれも同一の株主総会が日を分けて行われることになり、別々の総会になるのではない。

(6) 説明義務

取締役・執行役などは、株主総会において株主の質問に対して説明の義務を負う（314条本文）。当然のことであるが、株主総会の趣旨を明らかにしたものとして重要な意義を有する規定である。ただし、質問事項が、①株主総会の目的事項と関係のない場合、②その説明をすることによって株主の共同の利益を著しく害する場合（企業秘密の保護を必要とする場合など）、③その他正当な理由がある場合（施行規則で定める）は、説明を拒絶することができる（同条ただし書）。施行規則においては、説明のために調査を必要とする場合（ただし、総会の日より相当の期間前に質問事項を通知した場合や調査が著しく容易な場合を除く）、説明をすることが権利の侵害になる場合、株主が当該総会において実質的に同一の質問を繰り返した場合、その他正当な理由がある場合が規定されている（施行規則71条）。

(7) 決　　議

　株主総会の決議は多数決で行われるが、決議の要件は決議事項によって異なる。

　普通決議は、議決権を行使することができる株主の議決権の過半数を有する株主が出席し、出席した当該株主の議決権の過半数をもって行う（309条1項）。定款で定足数の要件を外すことができ、そのようにする会社が多いようである。ただし、役員の選任・解任の決議、支配株主の移動を伴う募集株式の発行等の決議、同様の募集新株予約権の発行の決議の場合の定足数は、議決権の3分の1以上までしか引き下げることができない（341条、206条の2第5項、244条の2第6項）。

　会社の基礎的変更に該当する事項や株主の利益に重大な影響を及ぼす事項については、特別決議が必要である。特別決議は、議決権の過半数を有する株主が出席し、出席株主の議決権の3分の2以上に当たる多数をもって行う（309条2項）。定足数については、定款で議決権の3分の1以上にまで軽減することができる。また、定款の定めにより決議要件（3分の2以上）を引き上げることができる。

　このほかに特別決議よりも厳格なものとして、特殊の決議といわれるものがある。会社が発行する全部の株式を譲渡制限株式とするなどの場合であり、議決権を行使しうる株主の半数以上、かつ、出席株主の議決権の3分の2以上に当たる多数をもって行うことが必要である（309条3項）。また、109条2項の

定款の定めを変更する場合は、総株主の半数以上、かつ、総議決権の4分の3以上の多数をもって行うことが必要である（同条4項）。いずれについても、定款で定足数・決議要件を引き上げることができる。

なお、取締役の責任免除などにおける要件である総株主の同意については、株主総会を開催する必要はない。

取締役または株主の提案に対して、議決権を行使しうる株主の全員が書面（または電磁的記録）により提案に同意した場合は、可決の総会決議があったものとみなす（319条1項）。株主総会の開催を省略することができることになり、これを一般に書面決議という。株主総会への報告の省略についても同様である（320条）。

(8) 議事録

株主総会終結後、会社は、施行規則の定めるところにより、議事録を作成しなければならない。本店に10年間、支店に5年間（写し）の備置きの義務がある。株主・会社債権者に閲覧・謄写の請求権がある。親会社社員（親会社の株主その他の社員）は、権利行使のため必要があるときは、裁判所の許可を得て閲覧・謄写の請求ができる（以上につき318条1項〜5項）。

(9) 決議の取消し・無効

株主総会の決議に手続上・内容上の瑕疵がある場合、その決議の効力をそのまま認めることはできない。とはいえ、一般原

則のとおりだれでもいつでも、また方法を問わず無効を主張できるとすることは適切ではない。法律関係の画一的確定のため、会社法は瑕疵の程度に応じて株主総会決議の取消しの訴えと株主総会決議不存在・無効の確認の訴えの制度を設けている。

決議の取消しの訴えは、①招集手続・決議方法が法令・定款に違反し、または著しく不公正なとき、②決議内容が定款に違反するとき、③特別利害関係を有する者が議決権を行使したことにより著しく不当な決議がされたときに提起することができる（831条1項1号～3号）[6]。提訴権者は、株主等に限られる。ここで「株主等」とは、株主、取締役、監査役、執行役、清算人である（828条2項1号）。被告は会社である（834条17号）。提訴期間は決議の日から3カ月以内である（831条1項）。決議を取り消す判決（原告の請求を認容する判決）の効力は、第三者にも及ぶ（対世効。838条）。決議取消判決が確定すると、決議はさかのぼって無効となる（839条カッコ書参照）。

決議に取消事由がある場合でも、それが招集手続または決議方法が法令・定款に違反したという手続上の瑕疵にすぎない場合であって、その違反の事実が重大でなく、かつ、決議に影響を及ぼさないものであると認めるときは、裁判所は、決議取消しの請求を棄却することができる（831条2項）。これを裁量棄却という。瑕疵の重大性についての判例がある（1971年、判例

---

[6] 特別利害関係とは、株主の資格を離れた個人的利害関係をいう。

百選42事件、商法判例集Ⅰ-85)。

決議が存在しない場合、または決議の内容が法令に違反する場合は、だれでも、いつでも、会社を被告として決議不存在または無効の確認の訴えを提起することができる（830条1項2項、834条16号）。この場合には、不存在または無効の確認を求める正当な利益のあることが必要である。決議取消しの場合と異なり、提訴権者・提訴期間の制限はない。決議不存在または無効を確認する判決の効力は、第三者にも及び（対世効。838条）、決議はさかのぼって無効となる（839条カッコ書参照）。決議の不存在・無効は、上記の訴えの提起以外の方法でも主張することができる。

決議取消しの訴えおよび決議不存在・無効の確認の訴えのいずれについても、専属管轄・移送（835条）、担保提供命令（836条）、弁論等の必要的併合（837条）、原告敗訴の場合に原告に悪意または重過失があったときの会社に対する損害賠償責任（846条）の定めがある。

コラム　株主総会の意義

上場会社のように多数の株主が分散して株式を保有する株式会社の場合には、株主における「合理的無関心」といわれる問題がある。自らの議決権が及ぼす影響力の限界を考慮すれば、コストと時間を費やしてまで株主総会に出席する株主が少ないのは、むしろ当然のことであろう。「合理的」というのは、こうした費用対効果の観点からみてということである。多数の株式をポートフォリオでもつ株主の場合は、個々の会社の経営に対する関心はさらに低下するものと思われる。

大多数の株主は、現在の経営者に不満はあっても株主総会に出席して意見をいうことは少ない。また、委任状勧誘のメカニズムを通

じて現経営陣に対抗することも、一般の株主にはコストや手間の問題からきわめて困難である。そこで株式を市場で売却して「退出」するという行動に出るのが通例である。このような行動様式は、ウォールストリート・ルール（またはウォールストリート・ウォーク）といわれる。だれかほかの株主がアクションを起こしてくれて、その効果を享受できればよいという態度、いわゆるフリーライダー問題にもつながることになる＊1。

　このような現実はあるが、敵対的企業買収の場面において典型的にみられるように、株主が法的に最終的な決定権を留保していることの意義を軽視することは妥当ではない。また、数は少ないが、わが国でも委任状争奪戦が行われた例もある。「株主からの制約を恒久的・絶対的に脱却してしまったのでもなく、正常な状態の下では株主の支配が潜在化しているとみるべきであろう。」＊2。

　年に1回の定時株主総会ということではあるが、その存在は経営陣の考え方や行動様式に少なからず影響を及ぼしているものとみられる。また、株主総会の事前準備は、コスト対効果という面で問題がないとはいえないケースがあるかもしれないが、経営の実態と課題の再確認のプロセスとしての意味合いがある。誠実に経営にあたる経営者は、株主総会における筋の通った質問・意見を真摯に受けとめるであろう。ここに物理的に開催される会議体としての株主総会の意義がある。合理的無関心などの問題があるとしても、役員の選任・解任をはじめ、株主が最終的な決定権限を留保していることが経営全般に及ぼす効果は決して小さなものではない。

＊1　株主における集合行為（collective action）の問題について、仮屋広郷「「株主のジレンマ」と株主総会活性化論議」（『久保欣哉先生古稀記念論文集　市場経済と企業法』（中央経済社、2000）所収）参照。
＊2　竹内昭夫「企業と社会」（『岩波講座　基本法学7－企業』（岩波書店、1983）所収）。

3 取締役・取締役会

　3および4では、委員会設置型の会社でない場合について述べる。取締役と会社との関係、取締役の損害賠償責任については、9および10で述べる。

(1) 取締役の役割

　取締役の役割は、取締役会設置の有無により異なる。

　非取締役会設置会社では、会社の業務執行は各取締役が行う（定款で別段の定め可）（348条1項）。複数の取締役がいる場合、定款に別段の定めがない限り、取締役の過半数で業務を決定する（同条2項）。各取締役が会社を代表するのが原則であるが、特定の取締役を代表取締役として定めることができる（349条1項～3項）。

　取締役会設置会社では、業務を執行しない取締役の職務は、主として取締役会の一員としてその審議に参加することである[7]。取締役であること自体によって業務執行ができるというわけではない[8]。なお、会社法で「取締役」と規定されていても執行する性質のものは、取締役会設置会社においては代表取締役などの業務執行取締役の権限である。

---

[7] 取締役固有の権限としては、単独で会社法上の各種の訴えを提起することができることなどがあるにすぎない。

実務では執行役員制度を導入している会社が少なくないが、執行役員は会社法において位置づけられているものではない。取締役の人数を減らす一方で、処遇上、執行役員の制度を設けるという例が多いようである。執行役員は使用人に属し、会社との契約関係は、雇用関係または委任関係である（江頭412頁）。

(2) 取締役の選任・解任

取締役は、株主総会で選任される（329条1項）[9]。海外では法人が取締役になることを許容する立法例があるが、わが国では自然人に限られる（331条1項1号）。このほかに一定の欠格事由が定められている（同項2号～4号）。取締役が任期中に欠格事由に該当することとなった場合は、その地位を失う。

公開会社については、取締役が株主でなければならない旨を定款で定めることはできない（331条2項本文）。広く経営能力のある人材を登用することが、株主全体の利益になるという考え方である。一方、非公開会社において、定款に取締役は株主に限るという定めを置くことはさしつかえない（同項ただし書）。

取締役と使用人の兼務は禁止されていない[10]。

取締役の員数は、取締役会設置会社では3人以上であること

---

8 取締役が、対外的に会社の業務を執行しうるのは、代表取締役のほか、特定の事項について代理権を与えられた業務執行取締役（363条1項2号。選定業務執行取締役ともいう）である（江頭422頁）。対内的業務執行は、代表取締役のほか、権限を与えられた業務執行取締役などの取締役が行う（伊藤＝大杉＝田中＝松井174頁）。
9 取締役は株主によって選任（解任）されるが、法的には取締役は株主の代理人ではない（330条参照）。

が必要である（331条5項）。それ以外の会社は1人でもよい。
　取締役の任期は原則として2年であるが、定款または株主総会決議により短縮することができる（332条1項）。非公開会社（委員会設置型の会社を除く）は、定款の定めにより最長10年まで延長可能である（同条2項）。会計監査人設置会社で監査役会設置会社の場合、定款の定めにより剰余金の配当などの決定権限を取締役会に与えるには、取締役の任期は1年であることが必要である（459条1項）。

　取締役の選任に関して累積投票制度があるが、これは定款の定めにより完全に排除することができる（342条1項）。

　取締役の解任は、株主総会の普通決議によりいつでも可能である（339条1項）[11]。定款で決議要件を加重することができる。職務の執行に関し不正の行為または法令・定款に違反する重大な事実があったにもかかわらず、株主総会で解任提案が否決された場合、一定の要件を満たす株主は、解任の訴えを提起することができる（854条1項。役員についての規定）。

10　使用人兼務の取締役は、使用人として業務を行う際に代表取締役などの指揮命令系統のなかに置かれる。取締役は、取締役会の構成員として、他の取締役（代表取締役を含む）の職務の執行を監督する立場にあるが、使用人兼務の取締役の場合は実際問題として、なかなかむずかしい立場に置かれる。指名委員会等設置会社では取締役と使用人の兼務は禁止されている（331条4項）が、立法論としては、執行役員制度が普及していることをも考慮し、上場会社（または一定範囲の公開会社）について取締役の使用人兼務を認めないことを検討すべきである。

11　取締役の解任には理由不要であるが、正当な理由なく解任された場合は、会社に対して損害賠償を請求することができる（339条2項）。判例（1982年、判例百選46事件、商法判例集Ⅰ-91）参照。

第5章　株式会社の機関

補欠取締役の制度がある（329条3項）。また、裁判所により、一時取締役の職務を行うべき者の選任が可能である（346条2項）。

> **コラム** 取締役の選任権
>
> 　株主が取締役を選任することは自明のことのようであるが、諸外国には一定の範囲内で従業員が取締役を選任する例がある。フランスでは、定款の定めに基づき、一定数まで従業員代表の取締役の選任が可能である。ドイツでは、一定規模以上の株式会社の場合には、監査役会メンバーの半数または3分の1を従業員選任とすることが必要であり、このようにして構成された監査役会が取締役を選任する。また、英国のブロック委員会報告書（1977年）の多数意見は、一定規模以上の株式会社について、株主選任取締役と同数の従業員代表の取締役を置くとともに第3グループの取締役（株主側・従業員側の共同選出）を置く制度を提案した＊3。なお、同委員会の提言は、その後のサッチャー政権の発足により立ち消えとなった。
>
> 　株主は残余権のホルダー（第1章2e参照）であり、最終的に事業リスクを負担する存在である。株主に取締役の選任権があることが基本であるが、株主のみに限定するかどうかは制度設計の問題であると考えられる（伊藤＝大杉＝田中＝松井75頁以下、宍戸122頁以下参照）。
>
> ＊3　拙著『コーポレートガバナンス入門』（金融財政事情研究会、2012）59頁以下。

(3) 取締役会

a 概　要

取締役会設置会社においては、取締役会が会社の中心的な意思決定機関である。また、取締役会は取締役の職務執行を監督する機関でもある（監督と監査の差異については脚注21参照）。

取締役会は会議体であるから、業務の執行は代表取締役などの業務を執行する取締役が行う。日常的な業務については、代表取締役などに意思決定も委ねられる。

　取締役会の招集は各取締役ができるが、定款または取締役会決議で招集権者を定めるのが通例である。招集通知には議題の記載を要求されないと解される。この点において株主総会の場合とは異なる。裁判例に、取締役会規程に取締役会の招集通知は書面で行い、会議の目的事項を記載すべき旨を定めているとしても、招集通知に記載されていない事項についても審議または決議することは禁じられておらず、招集通知に議題として記載されていない事項である代表取締役の解職（当時は解任）の取締役会決議は違法ではないとするものがある（名古屋高判平12・1・19金融商事判例1087号18頁）。

　取締役会は、取締役の全員により構成される（362条1項）。だれが取締役会の議長を務めるかについて会社法に規定はないが、定款などで取締役会の議長について定めるのが一般的である[12]。取締役会の定足数と決議方法、特別の利害関係を有する取締役が議決に加わることができないこと[13]、取締役会の議事録、などについての規定が置かれている（369条)[14]。定款の定めがある場合は、取締役会決議の省略ができる。いわゆる書面

---

[12] 国際的にも大きな影響を与えてきている英国のキャドベリー委員会報告書（1992年）は、その提言の1つとして、取締役会議長とCEOを原則として分離すべきであるとする。わが国の上場会社においても、社外取締役が取締役会議長を務める例がある。

決議である。ただし、監査役（監査役設置会社の場合）の異議がないことが必要である（370条）。

業務を執行する取締役（代表取締役など）は、3カ月に1回以上、取締役会に職務執行状況の報告をしなければならない（363条3項）。会社法は一定の場合に取締役会への報告を省略しうる旨を定める（372条1項）が、この報告については省略の対象とならない（同条2項）ので、最低でも3カ月に1回は実際に取締役会を開催しなければならない。

b 取締役会の決議事項

会社法は、取締役会の決議事項について個別に規定するとともに、一般的な規定を置いている（362条）。取締役会の職務は、①取締役会設置会社の業務執行の決定、②取締役の職務の執行の監督、③代表取締役の選定および解職である（同条2項）。このうち①については、同条4項において個別の事項が列挙されている（1号～7号)[15]。これらは例示列挙であり、そ

---

13 代表取締役の解職の場合に、当該代表取締役が特別利害関係人に該当するか否かについて、それを肯定した判例がある（1969年、判例百選67事件、商法判例集Ⅰ－113）。学説には、該当しないとする見解（龍田116頁。「議決権排除の理由は、取締役の忠実義務と矛盾するような個人的利害関係に限るべきである」）、閉鎖型のタイプの会社の場合について該当しないとする見解（江頭417頁）などがある。私見では、株式会社一般につき、当該代表取締役は特別利害関係人に該当しないと解することが妥当であると考える。

14 取締役会決議に参加した取締役で議事録に異議をとどめないものは、その決議に賛成したものと推定する（369条5項）。

15 同項6号は、業務の適正を確保するための体制（いわゆる内部統制システム）の整備であり、大会社である取締役会設置会社の場合は、取締役会は、それについて決定しなければならない（362条5項）。

れ以外にも「重要な業務執行」(同項柱書) に該当するものは取締役会決議を要する。

取締役の任務は、まずは事業をいかに効率的に遂行するか (ここでは収益をあげるという意味) にあるが、同時に会社の存続と安定的発展を確保することも重要である。会社として過大なリスクをとることにならないか、適切なリスクテークか否か (リスクが少なければよいというものではない) がチェックポイントとして欠かせない。ある案件が取締役会で決議されるべき重要な業務執行に該当するか否かという判断に際しては、このような視点から検討されるべきである。

取締役会においては、審議のプロセスも重要である。必要な情報を得たうえでの意思決定 (informed decision) か否か、リスクの所在・程度が明確に意識され検討されているかが大事である。これらが不十分な場合には、取締役の善管注意義務違反とされることがありうる。

(4) 代表取締役

取締役会設置会社においては代表取締役は必置の機関である。取締役会決議で取締役のなかから代表取締役が選定される (362条3項)[16]。代表取締役の員数は1人でも複数でもよい。

代表取締役は、内部的・対外的な業務執行の権限を有し、代

---

16 業務執行取締役 (363条1項2号) は、取締役会決議によって設けられる任意設置の機関であり、対外的な行為をするには代理権の付与が必要である (森本80頁)。

表権の範囲は株式会社の業務全般に及ぶ包括的なものである（349条4項）。代表権に制限を加えることはできるが、会社の内部的な制限にとどまり善意の第三者には対抗できない（同条5項）。表見代表取締役のした行為については、相手方が善意の場合、会社はその行為の責任を負う（354条）。

代表取締役は、取締役会決議で解職することができる。しかし、その者の取締役の地位を奪うことは取締役会ではできない（株主総会の決議事項）。なお、代表取締役が取締役にとどまりながら、代表取締役を辞任することはさしつかえない。

(5) 社外取締役

a 定　　義

社外取締役は、2条15号で定義される。平成26年改正において社外取締役の要件の見直しが行われた。

社外取締役の要件の概略は、当該会社・その子会社の業務執行取締役（2条15号イ）・執行役・使用人でないこと、親会社等（2条4号の2）の取締役・執行役・使用人でないこと（および親会社等に該当する自然人でないこと）、兄弟会社の業務執行取締役等（2条15号イ）でないこと、当該会社の取締役・執行役・重要な使用人の配偶者・2親等以内の親族でないこと（および親会社等に該当する自然人の配偶者・2親等以内の親族でないこと）のすべてを満たすことであり、さらにいわゆる過去要件を充足することである。過去要件も改正され、就任前10年間のいずれかの時点において当該会社・その子会社の業務執行取締

役等でなかったことなどとされた。

 社外取締役が業務を執行すると社外性の要件に該当しないことになる。会社法は業務の執行と職務の執行の概念を区別しており、たとえば社外取締役が取締役会の審議に参加し議決権を行使することは職務の執行であって業務の執行ではなく、また買収防衛策の発動の有無を社外取締役が決定することも業務を執行したことにはならない（論点解説290頁）。

b　社外取締役の設置の有無

 会社法制の見直しに関する法制審議会会社法制部会においては、上場会社などの一定範囲の会社につき、法令で社外取締役の設置を義務づけるかどうかという問題が審議された。「会社法制の見直しに関する要綱」では、かかる義務づけはせず、社外取締役を設置していない場合は、会社は事業報告でその理由を記載することとするという考え方が示された。

 その後、会社法改正法案の国会提出のための自民党との調整の結果、327条の2が新設されることとなった。すなわち、上場会社などの一定範囲の監査役会設置会社については、事業年度末の時点で社外取締役を設置していない場合には、取締役は定時株主総会において「社外取締役を置くことが相当でない理由」を説明しなければならない（327条の2）。改正法附則25条は、2年経過後の見直しを規定しており、必要があれば社外取締役の設置を義務づけるなどの措置を講ずるとしている。

コラム　コーポレート・ガバナンスと取締役会

　コーポレート・ガバナンス（企業統治）をめぐる問題は、取締役会のあり方として提起されることが多い。株主権や株主総会の見直しという発想よりは、取締役会に焦点が当てられる。この点に関し、英国キャドベリー委員会の委員長を務めたA．キャドベリー卿は、その著書で「コーポレート・ガバナンスに関する議論は、取締役会の役割に焦点を当ててきた。……取締役会は、公開会社における株主と経営者、より広義でいうと資金提供者とその利用者の結節点である。同様に、……会社と社外の間もつないでいる。」と述べる＊4。こうした「懸け橋」の役割を果たすことが期待されているがゆえに、コーポレート・ガバナンスの議論あるいは株主の批判・注文は、取締役会に対して向けられることになる。

　株式会社における通常の意思決定の最上部に、会議体である取締役会が位置するのはなぜであろうか。沿革的な事情もあろうが、やはり特定の個人に任せるよりは複数の人間とその協議に任せるほうが出資者としては安心ということなのであろう。自己規律を要する事柄については会議体による運営が適しているという面もある。

　一般の上場会社では、取締役会に議題として提出される前に、なんらかの社内会議（経営会議、経営委員会など）で議論され、検討が行われることが多いと思われる。取締役会に付議される事項については、あらかじめ検討されて事実上結論が出ている場合が通例とみられ、取締役会は形式的な場になりがちである。また、担当分野を有する取締役は、他の分野についての質問・議論を控える傾向があるといわれる。

　このような状況のもとで社外取締役が加わることは、多くの場合、取締役会で実質的な議論が行われることに資すると思われる。取締役会における検討が不十分な場合、なかでも当該案件のリスクとそれが会社の事業継続能力に与える影響についての検討が十分でない場合には、取締役の注意義務違反という法的責任の問題が生ずる可能性もある。社外取締役の存在が、取締役会の実効性の向上につながることが期待される。

＊4　A. キャドベリー、日本コーポレート・ガバナンス・フォーラムほか訳『トップマネジメントのコーポレート・ガバナンス』（シュプリンガー・フェアラーク東京、2003）37頁。

4　監査役・監査役会

(1) 概　要

　監査役は株主総会で選任され、その役割は取締役（会計参与設置会社においては取締役および会計参与）の職務の執行の監査である（381条1項）[17]。取締役から委任を受けた使用人の業務執行も監査の対象となる。

　委員会設置型の会社の場合は監査役を置くことができないが、それ以外の会社の場合は定款で定めることにより監査役（会）を置くことができる（326条2項）。大会社かつ公開会社（委員会設置型の会社を除く）の場合は、監査役会および会計監査人を置かなければならない（328条1項）。会計監査人を設置する場合（委員会設置型の会社を除く）は、監査役を置かなければならない（327条3項）。

---

[17] 監査役と取締役は、いずれも株主総会で選任され、両者の関係は並列的である。ドイツにおいて、監査役会（伝統的にこう訳されているが、わが国の監査役と同じ役割のものではない）と取締役（会）が二層構造になっているのとは異なる。「わが国の監査役制度は、当初は制度としてはドイツ型にならって定められたといわれているわけですが、その実体は制定当初からドイツとは非常に違っていたのであり、私はむしろ制定当初からいわば日本式の制度であったと考えるのが的を射ているのではないかと思います。」（竹内昭夫「監査役の地位」（『会社法の理論Ⅲ』（有斐閣、1990））。

非公開会社（監査役会設置会社・会計監査人設置会社を除く）の監査役は、定款の定めにより、監査の範囲を会計に関する事項に限定することができる（389条1項）。この限定がある場合には、監査役設置会社に該当しない（2条9号）。

　監査役の資格として、一定の欠格事由があり（335条1項）、また当該会社・その子会社の取締役・使用人でないこと、子会社の執行役・会計参与でないことなどが定められている（同条2項）。監査の対象となる業務を執行する立場であると、自己監査になってしまうからである。監査役の選任について、累積投票制度の適用はない。平成26年改正で社外監査役の要件についての改正が行われた（2条16号）。

　監査役会を置く場合、監査役は3人以上で、その半数以上は社外監査役である必要がある（過半数ではない。335条3項）。また、常勤の監査役を選定しなければならない（390条3項）。

　監査役は株主総会で選任されるが、その選任議案については、監査役（会）の同意が必要である（343条1項3項）。また、監査役（会）は、監査役の選任を株主総会の目的とすること、または具体的な候補者を特定して監査役選任議案を総会に提出することを取締役に請求することができる（同条2項3項）。

　監査役の任期は4年である（336条1項）。任期の規定は独立性を保障するためなので、これを定款・株主総会決議によって短縮することはできない。非公開会社の場合は、定款で任期を10年まで伸長することができる（同条2項）。

　監査役の解任は、株主総会の特別決議による（309条2項7

号。343条4項は念のための規定)。取締役の解任が原則として普通決議であるのとは異なる取扱いである。

監査役の報酬等は、定款または株主総会の決議で定める(387条1項)。

(2) 監査役の権限

一般に機関には合議制の機関と独任制の機関があるが、監査役は独任制の機関であり、各自が単独でその権限を行使できる。監査役会が設置される場合においても、独任制の性格は維持される。監査役会の役割は、各監査役の役割分担を容易にし、かつ、情報の共有を可能にすることにより、組織的・効率的監査を可能にすることにとどまる(390条2項ただし書)。

監査役は、監査の結果について監査報告を作成しなければならない(381条1項)。株主総会提出議案・書類などの調査義務があり、一定の場合には株主総会への調査結果の報告義務がある(384条)。監査を行うために調査権限(報告請求、業務・財産の状況の調査権、子会社調査権)を有する(381条2項3項。なお4項)。職務を行うため必要があるときは、会計監査人にその監査に関する報告を求めることができる(397条2項)。

監査役の監査の範囲は、いわゆる適法性についてのものである[18]が、近時では必ずしもそれにとどまらない場合がある。監査役(会)の監査報告のなかに、内部統制システムに関する相当性の判断が含まれ、いわゆる買収防衛策についての意見が含まれる(施行規則129条1項5号6号、130条2項2号)。

取締役の不正行為などに関し、監査役には取締役（会）への報告義務がある（382条）。また、取締役の行為について差止請求権がある（385条。会社に著しい損害が生ずるおそれがあるとき）。取締役と会社との間の訴訟については、監査役が会社を代表する（386条1項1号）。

(3) 監査役の一般的義務

　監査役は会社との間で委任の関係にあり（330条）、職務を行うにあたって善管注意義務を負う（民法644条）。その任務を怠ったときは、会社に対して損害賠償責任を負う（423条1項）。その責任について株主代表訴訟の対象となる（847条1項）。なお、監査役の場合には、取締役の忠実義務（355条）に相当する規定はない。

(4) 取締役会での意見陳述義務

　監査役は、「取締役会に出席し、必要があると認めるときは、意見を述べなければならない」（383条1項）。この規定は昭和49年改正で設けられ、「出席し意見を述べることができ

18　監査役の監査は妥当性のチェックには及ばないとされる。「もっとも、業務執行の不当性が一定限度を超えると善管注意義務違反として違法になるから、監査役は、取締役の職務執行に不当な点がないか否かを監査の出発点にせざるをえない。」（江頭524頁）、「ただし、監査役は取締役の善管注意義務違反の有無は監査するわけでがあるから、実際問題としては、妥当性にかかわる事項についても監査権限を有することとほとんど変わりはない。」（神田239頁）。このように適法性監査と妥当性監査といっても、必ずしも厳密に区別することはできない。

る」と定められた。平成13年改正で表現が改められ、会社法はそれを引き継いでいる。どのような場合に「必要がある」に該当するかについてそれ以上の規定はないが、議案の内容に法令・定款違反があるときにこれに該当することは当然であり、また著しく不当な事項があるときも同様であると解される[19]。

　少し角度を変えて考えてみると、当該議案におけるリスクの所在・程度や審議プロセスの適切さという視点が重要である。たとえば、新規分野における大規模な設備投資プロジェクトのように、会社の存続可能性にかなりの影響があると考えられる議案が提出された場合において、リスクの所在・程度に関する分析・検討が不十分であり、取締役会における審議でもその点についての質疑・意見交換が不足しているときは、そのまま決議に移ることには問題がある。監査役としては、検討不十分のまま決議することは控えるべきである旨の意見を表明しなければならないと考えられる。監査役が、取締役会に出席していながら、このようなケースにおいて意見を述べなかった場合には、善管注意義務違反とされることがありうる。

　監査役は、業務執行機関とは並立の関係にあるが、重要な業務執行の意思決定の場である取締役会の審議に参加するという役割がある。会社法は、取締役とは異なる立場・発想の者が会議体である取締役会に加わることの効果を期待している。

19　『論点体系　会社法3　株式会社Ⅲ』［潘阿憲］（第一法規、2012）278頁。

5 指名委員会等設置会社

(1) 意義・沿革

平成26年改正で従前の委員会設置会社は、指名委員会等設置会社に名称が変更された（2条12号）。

この機関設計は、米国の経営機構を参考にして平成14年改正（商法特例法の改正）で導入されたものである[20]。3つの委員会（指名委員会、監査委員会、報酬委員会）を取締役会の下部機構として設置し（取締役会の機能の一部を代行）、執行役を置いて業務執行の意思決定の多くを執行役に委ねることができるという仕組みである。監査委員会を設けるため、監査役を設置することはできない。

3つの委員会（指名委員会等）をセットで置かないと、会社法上の指名委員会等設置会社にはならない。たとえば、報酬委員会のみを設置して同様の機能を担当させても、指名委員会等設置会社にはならない。ただし、このことは、たとえば監査役会設置会社が報酬委員会という組織を任意に設けることを禁ずるものではない。

---

20 当時の名称は、「委員会等設置会社」であったが、会社法制定に際して「委員会設置会社」に変更され、さらに平成26年改正で名称が変更された。制度の骨格は、導入以来変わりはない。

(2) 取締役・取締役会

　指名委員会等設置会社の取締役の任期は1年である（332条6項）。指名委員会等設置会社の取締役は支配人その他の使用人を兼ねることができず（331条4項）、また取締役としての資格で業務執行をすることが原則としてできない（415条）。業務執行と監督とをできるだけ分離するという考え方であるが、取締役と執行役を兼ねることは可能である（402条6項）。

　取締役会の権限は、経営の基本方針などの基本的な事項の決定、委員会メンバーの選定・解職、執行役の選任・解任とその職務の執行の監督などである（416条。362条の適用はない）。業務執行についての意思決定は、基本的な事項以外は取締役会決議により執行役に委ねることができる（416条4項柱書）。

(3) 委員会の構成・権限

　各委員会は、委員3人以上で組織され、委員は取締役会決議によって取締役のなかから選定される（400条1項2項）。いずれの委員会も社外取締役が過半数でなければならない（同条3項）が、委員長は社外取締役でなくてもよい。同一の取締役（社外取締役を含む）が複数の委員会の委員を兼ねることは制限されていない。委員の解職は、いつでも取締役会決議により可能である（401条1項）。

　監査委員会の委員（監査委員）は、当該会社・その子会社の執行役・業務執行取締役を兼ねることができず、その子会社の

会計参与・支配人その他の使用人を兼ねることができない（400条4項）。監査役についての制限と同様の趣旨である。監査委員のなかに常勤者がいることは要求されていない。

　指名委員会の権限は、取締役の選任・解任の議案（株主総会に提出）の内容を決定することである（404条1項）。

　報酬委員会の権限は、執行役等（執行役・取締役など）の個人別の報酬等の決定である（404条3項）。執行役が使用人を兼ねるときは、使用人分の報酬等も報酬委員会の決定対象に含まれる。報酬委員会は、執行役等の報酬等の内容を決定するための方針をまず策定し、それに従って個別の報酬等を決定しなければならない（409条1項2項）。

　監査委員会の権限は、①執行役等の職務執行の監査および監査報告の作成、②会計監査人の選任・解任・不再任に関する議案（株主総会に提出）の内容の決定である（404条2項）。監査委員会は、それ自体が監査機関であり、その点で監査役会と異なる。監査委員は、監査委員会の構成員としてその監査権限を行使する。監査委員会の監査は、いわゆる妥当性監査を含む。監査委員会は、社内の内部統制担当セクションを活用して監査を行うことが想定されている。執行役・取締役の不正行為などに関しては、各監査委員に取締役会への報告義務がある（406条）。各監査委員に差止請求権がある（407条1項）。

　指名委員会等設置会社は、取締役会の下部機構として3つの委員会が設置されるという仕組みであるが、委員会の権限が強いことが特色である。委員会固有の権限に対して取締役会が関

与することはできない。

　各委員会は、その職務執行状況を遅滞なく取締役会に報告しなければならない（417条3項）。委員会によって選定された委員がこの報告を行う。

(4) 執　行　役

　指名委員会等設置会社には、1人または複数の執行役を置かなければならない（402条1項）。取締役会決議により選任される（同条2項）。取締役と同様の欠格事由が定められている（同条4項）。執行役は取締役を兼ねることができ（同条6項）、実際にもその例が多い。執行役と会社との関係は委任に関する規定に従う（同条3項）。執行役の任期は1年である（同条7項）。執行役の解任は、いつでも、取締役会の決議により可能である（403条1項）。

　執行役が複数の場合には、取締役会決議により代表執行役が選定される（420条1項前段）。執行役が1人の場合は、同人が代表執行役となる（同項後段）。代表執行役の解職は、いつでも、取締役会の決議により可能である（同条2項）。執行役は、3カ月に1回以上、取締役会に職務執行状況を報告しなければならない（417条4項）。執行役は、取締役会が要求したときは、取締役会に出席して、取締役会が求めた事項について説明をしなければならない（同条5項）。

　執行役の忠実義務、競業取引や利益相反取引についての規制は、取締役の場合と同様である（419条2項）。

6 監査等委員会設置会社

(1) 概　要

　本制度について「会社法制の見直しに関する中間試案の補足説明」(2011年12月)は、監査役会設置会社においては社外監査役に加えて社外取締役を選任することに重複感・負担感があるという指摘、一方、委員会設置会社については指名委員会および報酬委員会を置くことへの抵抗感等から広く利用されるには至っていないとの指摘があるとしたうえで、「社外取締役の機能を活用するための方策として、新たな機関設計を認めるものである」と述べる。

　本制度の名称は、会社法制の見直しに関する要綱では「監査・監督委員会設置会社（仮称）」とされていたが、法案作成の過程で監査等委員会設置会社になった。名称のなかに「等」があるのは、監査等委員以外の取締役の選任（解任）や報酬等について監査等委員が株主総会で意見を述べることができることなどを反映したものである[21]。

21　会社法では監査と監督は使い分けられており、監査とは業務執行の適法性を確保するという観点から業務執行の適否を判断することであり、監督とは業務執行の効率性を確保する観点から業務執行の適否を判断するものである（2014年6月19日参議院法務委員会における法務省民事局長の答弁）。

監査等委員会設置会社の概略は、以下のとおりである。
① 3人以上の監査等委員（取締役）により構成される監査等委員会が監査を担当し、監査役や指名委員会・報酬委員会は設置せず、執行役も置かない（327条4項、331条6項、399条の2）。なお、監査等委員は取締役であり、取締役会における議決権を有する。
② 監査等委員の過半数は社外取締役（331条6項）。
③ 監査等委員となる取締役は株主総会でそれ以外の取締役とは別に選任され（指名委員会等設置会社における監査委員のように取締役会で選定されるのではない）、任期は2年（それ以外の取締役は1年）である（329条2項、332条3項）。監査等委員となる取締役の任期を定款の定めや株主総会決議により短縮することはできない。
④ 監査等委員の解任は株主総会の特別決議による（309条2項7号、344条の2第3項）。
⑤ 監査等委員の報酬等は、他の取締役とは別に定める（361条2項）。
⑥ 監査等委員には兼務の制限がある（331条3項）。
⑦ 監査等委員以外の取締役の選任・解任など、報酬等について、監査等委員会の選定する監査等委員に株主総会での意見陳述権がある（342条の2第4項、361条6項、監査等委員会の意見の決定につき399条の2第3項3号）。
⑧ 各監査等委員に差止請求権がある（399条の6）。

(2) 監査等委員会の権限

監査等委員会は、監査等委員により構成される。常勤の監査等委員を置くか否かは各社の判断に任される。監査等委員会の監査は、社内の内部統制担当セクションを活用して行うことが想定されている。

監査等委員会の権限は、指名委員会等設置会社の監査委員会の権限と基本的に同じである。主たる職務は、取締役の職務の執行の監査と監査報告の作成である（399条の2第3項1号）。また、会計監査人の選任・解任・不再任議案（株主総会に提出）の内容の決定（同項2号）、会計監査人の報酬等の議案への同意である（399条3項）。

指名委員会等設置会社の監査委員会と異なる点は、監査等委員以外の取締役の選任（解任）、報酬等について株主総会で監査等委員会の意見を述べることができることである。また、利益相反取引（356条1項2号3号）について監査等委員会の承認を受ければ、任務懈怠の推定規定（423条3項）は適用されない（同条4項）。これは新制度の利用促進という政策的な観点によるものとされるが、既存の制度と必ずしも整合的とはいえないように思われる（大系274頁［前田雅弘］参照）。

(3) 取締役会の権限

監査等委員会設置会社の取締役会の権限についての規定はやや複雑であるが、重要な業務執行を取締役会の決議事項とする

ことを原則のかたちとしつつ、2つのバリエーションが認められている。

　取締役会は、経営の基本方針、監査等委員会の職務の執行のために必要なものとして施行規則（110条の4第1項）で定める事項、業務の適正を確保するための体制（いわゆる内部統制システム）の整備などの業務執行を決定する（399条の13第1項1号）。取締役の職務の執行の監督と代表取締役の選定・解職も取締役会の権限である（同項2号3号）。また、監査等委員会設置会社の重要な業務執行の決定を取締役に委任することができない（同条4項。内部統制システムに関する事項を除き362条4項と同じ）。

　このほかに以下の2つの場合がある。社外取締役が過半数か否かによって定款の定めの要否がある。

　第一に、取締役の過半数が社外取締役である場合には、取締役会の決議により、重要な業務執行（指名委員会等設置会社において執行役に決定を委任することができないものとされている事項を除く）の決定を取締役に委任することができる（399条の13第5項）。

　第二に、取締役の過半数が社外取締役でない場合でも、定款で定めることにより、取締役会の決議によって、第一の場合と同様にすることができる（同条6項）。

7 会計参与

　会計参与は、取締役（または執行役）と共同して計算書類などを作成する役割を担うものである（374条1項前段、同条6項）[22]。

　会計参与は会社法により導入された制度であり、中小企業の計算の適正化が図られることを期待したものである[23]。会計参与の設置は任意であり、どの機関設計の場合でも設置することができるが、会計監査人を設置した場合は、会計参与が置かれることは実際には考えられない。

　会計参与は、株主総会で選任される（329条1項。会計参与は「役員」に含まれる。解任について339条1項）。会計参与の資格は、公認会計士・監査法人・税理士・税理士法人に限られる（333条1項。欠格事由について同条3項）。員数について規制はない。会計参与の任期は、取締役と同じである（334条1項）。会計参与の報酬等は、定款または株主総会決議で定める（379条1項）。

　会計参与は、会計参与報告を作成する（374条1項後段、施行

---

[22] 会計監査人は作成された計算書類を監査するものであり、会計参与と会計監査人とは役割が異なる。
[23] 会計参与制度新設の経緯・背景について、江頭539頁、伊藤＝大杉＝田中＝松井202頁参照。

規則102条)。会計参与は、会計帳簿などを閲覧・謄写することができ、取締役・使用人に対して会計に関する報告を求めることができる (374条2項)。会計参与設置会社の子会社についても、一定の範囲で調査権がある (同条3項4項)。

　会計参与は、会社の計算書類などとともに、会計参与報告を所定の場所 (施行規則103条) に一定期間備え置くことを要し、株主・会社債権者は閲覧、謄本・抄本の交付などの請求をすることができる (378条1項2項)。会計参与設置会社の親会社社員 (親会社の株主その他の社員) は、その権利を行うため必要があるときは、裁判所の許可を得て、閲覧などの請求をすることができる (同条3項)。

　会計参与と会社との関係は、委任に関する規定に従う (330条)。会計参与は、会社に対して善管注意義務を負う (民法644条)。取締役の不正行為などを発見したときの報告義務が定められている (375条)。会計参与が、その任務を怠ったときは、会社に対して損害賠償責任を負う (423条1項)。その責任について株主代表訴訟の対象となる (847条1項)。第三者に対する損害賠償責任が定められている (429条1項2項2号)。

8 会計監査人

(1) 意　義

　会計監査人の制度は、会計に関する専門家を置くことにより、会社の作成する計算書類などの正確性・信頼性を確保することを目的とする。会社の規模や性格を勘案して、会社法は、一定の場合（大会社および委員会設置型の会社）における会計監査人設置義務を定める（327条5項、328条1項2項）。会計監査人を置く場合は、監査役の設置または委員会設置型の会社であることが必要である。会社の側に監査役などの存在が求められるのは、会計監査人の監査の独立性確保への配慮である。

　会計監査人には資格の制限があり、公認会計士または監査法人でなければならない（337条1項）。また、一定の欠格事由が定められている（同条3項）。公認会計士法の規定により計算書類について監査をすることができない者などである。

(2) 選任・解任

　会計監査人は、株主総会の決議によって選任される（329条1項）。員数について規制はない。会計監査人の選任・解任・不再任の議案の内容は、監査役等（当該会社の機関設計により監査役（会）、監査等委員（会）、監査委員（会）をいう）が決定

する（344条1項3号、399条の2第3項2号、404条2項2号）。

会計監査人の任期は1年（338条1項）であるが、任期の満了する定時株主総会で別段の決議がされなかったときはその総会において再任されたものとみなされる（同条2項）[24]。

会計監査人は、いつでも、株主総会の決議（普通決議）により解任することができる（339条1項）。職務上の義務違反や心身の故障など、一定の事由がある場合には、監査役等は会計監査人を解任することができる（340条1項・4項～6項）。

会計監査人の報酬等は取締役が決定するが、その場合には監査役等の同意が必要である（399条1項～4項）。

会計監査人が欠けた場合に、監査役等による一時会計監査人の職務を行うべき者の選任の制度がある（346条4項～8項）。この場合は、選任後最初に招集される株主総会で会計監査人を選任しなければならない（江頭615頁）。

(3) 権限・義務

会計監査人は、計算書類・連結計算書類などを監査し（396条1項前段）、会計監査報告を作成する（同項後段、施行規則110条、計算規則126条）。会計監査人は、会計帳簿の閲覧・謄写ができ、取締役・執行役・使用人などに会計に関する報告を求めることができる（396条2項6項）。その職務を行うため必要があるときは、子会社に対して会計に関する報告を求め、また調

---

24 立法論になるが、上場会社（または一定範囲の公開会社）の場合は、再任みなし規定を適用しないこととすることを検討すべきである。

査権がある（同条3項4項）。

　会計監査報告における意見の種類は、①無限定適正意見、②除外事項を付した限定付適正意見、③不適正意見、であり、意見がないときは、その旨およびその理由を記載する（計算規則126条1項2号3号）。

　会計監査人と会社との関係は委任の規定に従う（330条）。会計監査人は、会社に対して善管注意義務を負う（民法644条）。その任務を怠ったときは、会社に対して損害賠償責任を負う（423条1項）。その責任について株主代表訴訟の対象となる（847条1項）。第三者に対する損害賠償責任が定められている（429条1項2項4号）。

　会計監査人には報告義務などがある。第一に、会計監査人は、その職務を行うに際して、取締役の職務遂行に関し、不正の行為または法令・定款違反の重大な事実があることを発見したときは、遅滞なく、監査役等に報告しなければならない（397条。なお、金融商品取引法193条の3）。一方、監査役等は、その職務を行うため必要があるときは、会計監査人に対してその監査に関する報告を求めることができる（397条2項ほか）。第二に、計算書類などの法令・定款への適合に関して監査役等と意見を異にするときは、会計監査人は、定時株主総会で意見を述べることができる（398条1項ほか）。第三に、定時株主総会において会計監査人の出席を求める決議があったときは、会計監査人は出席して意見を述べなければならない（同条2項）。

9 取締役と会社との関係

(1) 取締役の一般的な義務

a 善管注意義務

　取締役と会社との関係は、委任に関する規定に従う（330条）[25]。取締役は、その職務を執行するにあたり善良な管理者としての注意義務を負う（民法644条）。株主総会で当該会社の経営を担うものとして取締役に選任されている趣旨を勘案して、求められる注意義務の水準が判断されることになる。

　善管注意義務をより具体的にしたものとして、監視義務と内部統制システム（リスク管理体制ともいう）の構築義務がある（神田226頁参照）。

　監視義務とは、他の取締役（代表取締役を含む）の行為が法令・定款を遵守し適正に行われているかどうかを監視する義務である。ここでの監視は、取締役会に上程された事案についてのもののみならず、代表取締役などの業務執行一般に対する監

---

[25] 取締役は株主総会決議によって選任（解任）されるが、いったん選任されれば会社に対して受任者の関係に立つ（第4章8(2)h参照）。法的には、取締役は株主の代理人ではない。取締役は、株主の信認と期待に沿うように職務を行わなければならないが、それとともに会社の活動の各場面におけるさまざまな利害関係者との間での折衝・調整が求められる。

視が含まれる（1973年、判例百選72事件、商法判例集Ⅰ－137）。取締役は、必要があれば取締役会の招集を求め、または自ら招集しなければならない（366条2項3項）。

　会社の規模がある程度以上になると、取締役・取締役会のレベルで業務運営の状況を具体的に把握することは困難となり、内部統制システムを構築し運営することが必要になる。このような体制が整備され有効に機能すれば、取締役はそれに依拠することができ、従業員などの具体的な行為を監視しなくとも責任を問われることは基本的にはない。しかしながら、内部統制システムの構築を怠っていた場合、それが求められる水準に達していない場合、適切に運営されていない場合には、善管注意義務違反を問われる可能性がある。

b　忠実義務

　会社法は、「取締役は、法令及び定款並びに株主総会の決議を遵守し、株式会社のため忠実にその職務を行わなければならない。」と規定する（355条）。これを一般に忠実義務という。最高裁は、商法（当時）における忠実義務の規定は「民法644条に定める善管義務を敷衍し、かつ一層明確にしたにとどまるのであって、……通常の委任関係に伴う善管義務とは別個の、高度な義務を規定したものではない」と判示した（1970年、判例百選2事件、商法判例集Ⅰ－3）。

　355条の前半部分の表現からは、同条の定める義務が善管注意義務と明確な差異のあるものとは解しにくい。また、委任において、受任者は委任者の信頼に応えて委任事務を処理すべき

であり、委任の目的に反するような行動をしてはならず、善管注意義務はこれを含む（民法644条の「委任の本旨に従い」とは広範な義務の存在を明らかにする文言）という見解がある[26]。

　多くの学説（便宜上、まとめてＡ説という）は、理論的には区別して考えることが問題の整理に役立つとするなど、以下の見解に理解を示しつつも[27]、責任の規定（423条1項）との関係を考慮し、また善管注意義務を柔軟に解することによって実際問題としては対応可能であることなどから、基本的には判例と同じ考え方をとる。

　一方、355条が米国の法制を参考に設けられた経緯（昭和25年改正）をもふまえ、忠実義務は善管注意義務とは異なるという見解（Ｂ説という）も有力である。すなわち、「株式会社のため忠実にその職務を行わなければならない」とは、「取締役がその地位を利用して自己または第三者の利益を図って会社の利益を害してはならないという義務を意味すると解すべきである。」（前田413頁）とする[28][29]。

26　森本滋「取締役の善管注意義務と忠実義務」（民商法雑誌81巻4号、1980）。
27　たとえば、「理論上、注意義務と忠実義務の区別が認められる。注意義務は、取締役が職務の執行に際して相当の注意をして経営すべきことを義務づけるものである。忠実義務は、取締役がその地位を利用して自己または第三者のため会社の利益を犠牲にすることを禁止し、取締役と会社の利益が対立する危険のある場合に取締役に会社のため適正に職務を執行すべきことを命ずるものである。」（森本116頁）。「これらの差異が常に当然にあてはまるかどうかは別としても、両者の義務を異なるものとして理解する方が、取締役の負っている義務が明確になると思われる。」（近藤259頁）。

第5章　株式会社の機関

> **コラム** 忠実義務について

355条における「忠実」という言葉の含意、同条制定の経緯、355条が取締役の利益相反行為について規定する356条の前に置かれていること、356条ではカバーされない問題もありうること(たとえば、従業員の引き抜き＊5、会社の機会の奪取＊6)などを勘案すると、私見では、B説と同様に忠実義務は善管注意義務とは異なる性格の義務と解すべきであると考える。執行役について355条が準用されており、他方、監査役などの役員については355条に該当する規定がなく、この規定は業務執行を行うがゆえに取締役・執行役において生じがちな問題に対応するためのものであることがあわせて考慮される必要がある＊7。356条によって多くの問題がカバーされるため、A説・B説のいずれの説をとってもその帰結において大きな違いはないと思われるが、取締役の職務執行のあり方を示すものとして、忠実義務と善管注意義務は異なるものとして理解すべきである。

一般人が取締役に就任したときに、会社法を一読して自らの義務の内容を容易に把握しうることが望ましい＊8。善管注意義務についても、民法の委任の規定を確認するまでもなく、会社法の条文を読んで直ちにわかるようにすべきであろう。立法論になるが、355条前半部分の表現を含め、取締役の一般的な義務の規定の見直しが必要であると考える。

＊5　退任予定の取締役による従業員の引き抜き(在任中に勧誘)について、取締役の忠実義務違反になるとする裁判例がある(1989年、商法判例集Ⅰ－130)。

28　赤堀光子「取締役の忠実義務(四・完)」(法学協会雑誌85巻4号、1968)、北沢正啓『会社法』(第6版)(青林書院、2001)など。A・B両説について『論点体系　会社法3　株式会社Ⅲ』[酒井太郎](第一法規、2012)117頁)参照。

29　一般社団法人の理事の法人に対する忠実義務の説明のなかで、上記判例に関し、「……本文で述べたような忠実義務の考え方がまだ浸透していなかった時代の判例としてはやむを得ない立場であったといえるが、現在では善管注意義務と忠実義務の区別が一般的に承認されてきたので、判例の立場は改められるべきである。」(四宮和夫＝能見善久『民法総則』(第8版)(弘文堂、2010)と述べられている。

*6 　競業取引に類似するものとして、会社の機会の奪取といわれる問題がある（米国においてcorporate opportunityといわれるものである）。取締役としての地位を有しているがゆえに知り得た情報を会社に無断で利用して自己の事業機会に役立てる場合が、典型的な例である（江頭436頁、伊藤＝大杉＝田中＝松井225頁）。

*7 　持分会社の業務執行社員について、善管注意義務と忠実義務とが分けて規定されている（593条1項2項）。

*8 　上場会社についてコーポレートガバナンス・コードが適用され、取締役・取締役会のあり方がいっそう重視されることとなった点もあわせて考慮する必要がある。また、英国会社法（2006年法）において、取締役の一般的義務が明文化された経緯およびその内容が参考になる（拙著『コーポレートガバナンス入門』（金融財政事情研究会、2012）55頁以下）。

(2) 利益相反行為の規制

a 競業取引

取締役が、自己または第三者のために、会社の事業の部類に属する取引（356条1項1号）を行うことを規制するものである。取締役が会社と競争関係にある取引に従事すると、会社にある取引先情報を利用する（その結果として取引先を奪う）などの問題があるためである。会社が現に行っていなくとも、進出を企図して具体的に市場調査等を進めていた地域における同一商品の販売は、規制の対象になるとする裁判例がある（1981年、判例百選55事件、商法判例集Ⅰ-97）。

取締役会設置会社の場合は、事前に取締役会に重要な事実を開示して承認を得なければならない（356条1項柱書、365条1項）。執行役にも準用される（419条2項）。非取締役会設置会社

の場合は、株主総会への開示とその承認（普通決議）が必要である。

また、競業取引をした取締役は、事前承認の有無にかかわらず、当該取引についての重要な事実を遅滞なく取締役会に報告しなければならない（365条2項）。会社に損害が生じた場合などにおいて、適切な事後措置をとることを可能にするためである。非取締役会設置会社の場合は、このような規定はない。

取締役会などの承認を受けない場合、取引の効力自体は原則として否定されないが、当該競業取引をした取締役は任務懈怠となり損害賠償責任を負う（423条1項）。会社の証明負担を軽減するために、損害額の推定規定が置かれている（同条2項）。会社が推定額以上の損害を立証できれば、その損害賠償を求めることはもとより可能である。

取締役会などの承認を受けた場合であっても、競業取引によって会社に損害が生じたときは、当該取引をした取締役は損害賠償責任を負う可能性がある（取締役会で承認決議に賛成した取締役も賛成することにつき善管注意義務違反があれば同じ）。

b 利益相反取引

取締役が、自己または第三者のために、当事者として会社と取引をする場合は、会社の利益を害するおそれがある。たとえば、会社との間で不動産の売買をしたり、会社から金銭の貸付けを受ける場合であり、会社にとって不利な取引条件となるおそれがある。これが直接取引である（356条1項2号）。会社が取締役個人の債務を保証したり、担保を提供する場合は、間接

取引といわれる（同項3号）。

　直接取引・間接取引のいずれについても、取締役会設置会社の場合は、事前に取締役会に重要な事実を開示して承認を得なければならない（356条1項柱書、365条1項）。非取締役会設置会社の場合は、株主総会への開示とその承認（普通決議）が必要である。会社と利益が衝突する取締役は、特別の利害関係を有するため、取締役会の議決に加わることができない。繰り返して同種の取引が行われる場合は、包括的な承認も可能である。事前の承認が求められるが、事後承認も認められると解される。株主総会または取締役会の承認を受ければ、民法108条（自己契約または双方代理の制限）の規定は適用されず、当該取締役は同時に会社を代表することもできる（356条2項）。

　競業取引の場合と同様に、利益相反取引をした取締役は遅滞なく取締役会に報告しなければならない（365条2項）。

　利益相反取引の効力であるが、所定の承認を受ければ会社の意思決定手続として問題はない。承認を受けなかったとき、すなわち違反した場合の取引の効力は、競業取引の場合と異なり会社が当事者であるため、会社の意思決定における手続違反の問題になる。当該相手方が承認のないことを知っていること（悪意）を会社が主張・立証した場合のみ、会社は無効を主張しうるとするのが判例である（1968年、判例百選58事件、商法判例集Ⅰ－100)[30]。相対的無効説といわれる考え方である。

---

[30] この事件以前の判例は、会社は善意の者に対しても無効を主張しうるとしていた。

承認を受けない場合、当該取締役は任務懈怠になり損害賠償責任を負う。承認を受けたときでも、会社に損害が生じた場合に、その取引に関して任務懈怠があれば損害賠償責任を負う（423条1項）。取締役の側で、任務懈怠・帰責事由の不存在を基礎づける事実を主張・立証して責任を免れることができる。

　取締役・執行役の利益相反取引によって会社に損害が生じたときは、以下の取締役・執行役について任務懈怠が推定される（423条3項）[31]。①会社と直接取引をした取締役・執行役、間接取引の場合は会社と利害が衝突する取締役・執行役、②当該取引をすることを決定した取締役・執行役、③当該取引に関する取締役会の承認決議に賛成した取締役である。

　自己のために直接取引をした場合については特則があり、その取引をした取締役・執行役は、「任務を怠ったことが当該取締役又は執行役の責めに帰することができない事由によるもの」であったときでも損害賠償責任を負う（428条1項）。この無過失責任の規定は、第三者のためにした直接取引には適用されず、また間接取引にも適用されない。

　利益相反取引の規制の趣旨から、標準化された約款に基づく取引（預金契約、保険契約、運送契約など）のように定型化された取引であって会社に不利益を与えるおそれのない取引は除外されると解され、また債務の履行や相殺など、行為の性格（裁量を要しない）から会社の利益を害するおそれのないものは、

31　取締役が当該取引について監査等委員会の承認を受けた場合は、この推定規定は適用されない（423条4項）。

規制対象に含まれないと解される。

c 報酬等に関する規制

取締役の報酬等は、定款または株主総会の決議で定めなければならない（361条1項）。実際には、定款で定めることはまずなく、株主総会決議によるものとみられる。指名委員会等設置会社については、報酬委員会が決定するので、定款の定め・株主総会決議は不要である。

株主総会決議では取締役全員に支給する総額を定め、各取締役に対する具体的配分は取締役の協議（取締役会設置会社では取締役会決議）に委ねてもよいと解される。さらに、取締役会決議で代表取締役（の協議）に一任する場合が多いと思われる。支払後の株主総会の決議による追認も可とされる。

定款または株主総会決議によって具体的な金額が定められなければ、具体的な報酬請求権は発生しない。定款・株主総会決議で取締役の報酬等が具体的に定められた場合は、それが会社と取締役との間の契約内容になり両者を拘束する。同人の同意がない限り、その後の株主総会決議によって減額することはできない（1992年、判例百選63事件、商法判例集Ⅰ－106）。

報酬には金銭以外の現物報酬も含まれ、賞与その他の職務執行の対価としての財産上の利益と報酬とをあわせて「報酬等」という（361条1項）。職務執行の対価として財産上の利益を受ける場合は、その名目を問わない。同項2号（額が確定していないもの）・3号（金銭以外のもの）の場合は、議案を提出した取締役は、それを相当とする理由を株主総会において説明しな

ければならない（同条4項）。これらの場合は、不適切な運用がされるおそれもあるので、説明が義務づけられている。

　業績連動型の報酬の1つのタイプとして、いわゆるストック・オプション（新株予約権）が付与される場合がある。この場合も361条が適用される。

　使用人兼務の取締役については、取締役の報酬のほかに使用人としての給与が支払われる。この使用人としての給与については、給与等の体系が明確に確立されていれば、361条は適用されない。ただし、株主総会の決議の際に、当該決議額は使用人としての職務執行の額を含まない額である旨を明らかにすることが必要であると解される。

　退職慰労金については、在職中の職務執行の対価として支給される限り、報酬等の一種である。したがって、定款の定めまたは株主総会決議が必要である。判例は、支給基準について株主が推知しうる状況において、当該基準に従って決定すべきことを委任する趣旨の決議であれば無効ではないとする（1964年、判例百選62事件、商法判例集Ⅰ－105）。

　公開会社の場合、事業報告において取締役の報酬等の記載が必要である（社内取締役と社外取締役とを区分して記載）（施行規則121条4号、124条5～8号）。有価証券報告書における開示では、連結報酬等（主要な連結子会社の報酬等を含む）の総額が1億円以上の取締役については個別開示が求められる。

10 取締役の損害賠償責任

(1) 会社に対する責任

a 任務懈怠

　取締役の会社に対する責任のうち、基本的なものが任務を怠ったことの責任（任務懈怠責任）である（423条1項）。同項は、取締役以外の役員および会計監査人も対象とする（役員等の損害賠償責任）が、以下では取締役について述べる。

　任務懈怠とは、会社に対する善管注意義務・忠実義務の違反である（このうち競業取引・利益相反取引の場合の責任は前述）。法令上の表現は、「その任務を怠ったとき」である。この責任を追及するためには、取締役の任務懈怠、損害の発生、損害と任務懈怠との間の因果関係、損害額、注意義務違反（過失）を主張・立証しなければならない。

　取締役の任務には、法令を遵守して職務を行うことが含まれる。その法令には、会社・株主の利益保護のためのものに限らず、会社が事業を行う際に遵守すべき法令がすべて含まれる（2000年、判例百選51事件、商法判例集Ⅰ-119）。会社や役員等を名宛人とする具体的な法令に違反する行為は、注意義務違反に該当するか否かを判断するまでもなく、直ちに任務懈怠を構成するとするのが判例の考え方である（ただし、上記事案では独禁

法違反を認識しなかったことにはやむをえない事情があったとした)。

　取締役の職務の執行については、将来を予測することが容易でない状況のもとで、かつ、時間的な制約のなかで決断しなければならない場合が少なくない[32]。善管注意義務を尽くしたか否かの判断は、合理的な情報の収集や分析・検討が行われたか、取締役に要求される知識・能力などの水準に照らして不合理なものでなかったかが基準となる。結果論的に、いわゆる後知恵によって評価されるべきものではない。そのような発想で法的責任が追及されることになると、取締役のリスク回避的な姿勢につながり、かえって中・長期的にみた株主の利益に合致しないことになるおそれがあるからである。

　「経営判断の原則」という考え方がある。米国の business judgement rule を参考にしたものである。米国のこのルールは、利益相反の状況になく、経営判断に至る手続の瑕疵がなく、十分な情報に基づいて判断が行われた限り、裁判所はその判断の当・不当に事後的に介入しないというものである。

　一方、わが国の裁判例では、経営判断の原則という表現を用いながらも事案のいっさいの事情を考慮して実質判断を加える

---

[32] 「取締役はリスクをとるために雇われているのであり、しばしば関連するすべての要素を検討する余裕はないという時間のプレッシャーの下に置かれる。……取締役の重要なスキルは、その会社の成功と失敗は無謀な試みを避けつつ不当に注意深くはならないようにする点にあることを認識しながら、リスクと時間の要素をバランスさせることにある。」(P. Davies, Introduction to Company Law (2nd edition, 2010) p.151に引用されているCompany Law Reportの文章)。

ことが少なくない。この問題については、当該会社の状況（上場会社か否か、社内体制の整備状況など）によるところが少なくないこともあり、米国の考え方をそのまま取り入れることには慎重であるべきであると考える。なお、田中英夫編集代表『英米法辞典』（東京大学出版会、1991）は、business judgement rule を「経営判断不介入の法理」と訳している。

b 利益供与

株主権の行使に関する利益供与に関与した取締役は、供与した利益の価額に相当する額を会社に対して支払わなければならない（120条4項）。その関与が任務懈怠に当たるか否かという判断を経由せずに責任が認められる。その職務を行うについて注意を怠らなかったことを証明すれば責任を免れるが、利益供与をした取締役の場合は無過失責任とされる。

c 剰余金の配当

分配可能額を超えて剰余金の配当をした場合の責任については、第7章で述べる。

d 責任を負う者

責任を負う者は、任務懈怠に該当する行為をした取締役である。不作為の場合も含まれる。その行為が、取締役会などの決議に基づくときは、決議に賛成した者もそのことが任務懈怠に該当する場合は責任を負う。取締役会の決議に参加した取締役は、議事録に異議をとどめておかないと、決議に賛成したものと推定される（369条5項）。任務懈怠に関し責任を負う取締役が複数いる場合は、連帯責任となる（430条）。

e 責任の免除・軽減

　423条1項の責任（任務懈怠の責任）は、総株主の同意がなければ免除することができない（424条）。「総株主」としたのは、そうでないと株主代表訴訟の提起権を単独株主権としたことの意味がなくなるからである。

　責任の軽減（一部免除）については、3つの場合がある。

　第一に、株主総会決議（特別決議）による事後的な軽減である。423条1項の責任については、「職務を行うにつき善意でかつ重大な過失がないとき」（以下の第二・第三でも同じ）は、賠償責任を負うべき額から最低責任限度額を控除した額までを株主総会の特別決議で免除することができる（ただし、利益相反取引で直接取引の相手方となった者は除かれる。第二・第三でも同じ）（425条1項、428条2項）。免除の対象は最低責任限度額を超える額であり、最低責任限度額は負担しなければならない。最低責任限度額は、1年当りの報酬等の額を基準とした額と新株予約権に関する財産上の利益の合計額として定められ、前者については、たとえば代表取締役・代表執行役は6年分である（425条1項1号イ）。一部免除のための議案を株主総会に提出するためには、各監査役等（当該会社の機関設計により監査役、監査等委員、監査委員）の同意を要する（同条3項）。

　第二に、定款の規定および取締役会決議による軽減である。取締役2人以上の監査役設置会社・委員会設置型の会社は、定款において、特に必要と認めるときは、取締役会決議などにより任務懈怠による取締役の責任を軽減（一部免除）することが

できる旨を定めることができる（426条1項）。この定款変更議案を株主総会に提出する場合、そして当該責任軽減議案を取締役会に提出するなどの場合は、それぞれ各監査役等の同意が必要である（同条2項）。責任免除の取締役会決議などをしたときは、責任免除をした旨および一定期間（1ヵ月以上）内に異議を述べうる旨を公告し、または株主に通知しなければならない（同条3項）。非公開会社の場合は株主への通知のみである（同条4項）。議決権の3％以上（定款で引下げ可）を有する株主が、同期間内に異議を述べた場合には、会社は責任免除をすることができない（同条7項）。

　第三に、定款規定および責任限定契約に基づく軽減である（427条）。これは、責任の軽減について事前に定めるものであり、業務執行取締役等（2条15号）でない取締役の責任についてのものである。この契約を締結しうる旨の定款変更議案を株主総会に提出する場合の各監査役等の同意については、第一の場合と同じである。

(2) 第三者に対する責任

a　429条1項の責任

　取締役がその任務に違反した場合は、本来は会社に対する関係で責任を負うにすぎないが、会社法は取締役の役割の重要性にかんがみ取締役に第三者（会社以外の者）に対する特別の責任を認めている（会社法は役員等の責任として規定する）（429条1項）[33]。取締役がその職務を行うにつき、悪意または重大な

過失があった場合の責任である。

最高裁は、商法266条ノ3第1項（現429条1項）について以下のように判示した。①この規定は第三者の保護のために法が直接の責任を認めたものである、②取締役の任務懈怠と第三者の損害の間に相当因果関係がある限り取締役は損害賠償責任を負う、③当該第三者が不法行為責任を追及することを妨げない、④第三者との関係で悪意・重過失が存在することの主張・立証を要せず、会社との関係で任務懈怠に係る悪意・重過失を主張・立証すれば足りる[34]、⑤取締役の任務懈怠と第三者の損害の間に相当因果関係がある限り、いわゆる直接損害・間接損害のいずれも対象となる[35]（1969年、判例百選71事件、商法判例集Ⅰ－136）。

中小規模の株式会社の経営破綻の場合などにおいて、会社から弁済が得られなかった会社債権者が債権回収のため、429条1項に基づいて取締役などの責任を追及する訴訟を提起する場合が少なくない。名目的取締役について、監視義務違反で第三

---

[33] この責任は、法人格の存在によって取締役は第三者に対して直接は責任を負わないという原則を個別的に修正するものであり、法人格否認の法理と共通の機能を果たしている（鈴木＝竹内306頁参照）。

[34] 「第三者としては役員等の加害についての故意・過失よりも、任務懈怠についての悪意・重過失のほうがより容易に立証できる」（弥永255頁）。

[35] 直接損害とは、取締役の行為によって第三者が直接的に損害を被った場合であり、会社が倒産の危機に瀕しているときに返済の見込みのない借入れをすることはその典型例である。間接損害とは、放漫経営などにより会社に損害が生じ、その結果、第三者が損害を被った場合をいう。間接損害の場合に、第三者に当該会社の株主が含まれるかどうかについては、見解が分かれる。

者に対する責任があるとした判例がある（1973年、判例百選72事件、商法判例集Ⅰ-137）。ただし、ワンマン経営の実態から相当因果関係が認められないとして名目的取締役の責任が否定された裁判例が少なくない。また、事実上の取締役について429条1項を類推適用した裁判例がある[36]。

b　429条2項の責任

特定の書類や登記・公告などに虚偽の記載・記録があった場合は、その行為をした取締役は責任を負う（429条2項）。第三者には株主も含まれる。同項の場合は、軽過失でも責任を負うものとされるが、情報開示の重要性によるものである。ただし、当該取締役は、無過失を立証すれば責任を免れる。

> **コラム　429条1項の責任の性格**
>
> 　429条1項の責任は、不法行為責任とは別に会社法が定めた責任であるが、そもそも取締役の行為が会社に対する任務懈怠（悪意・重過失の場合）に当たると、（相当因果関係がある限り）第三者に対して責任を負うと規定されるのはなぜなのであろうか。
> 　典型的な例として、会社の経営が危機に瀕したときに、株主有限責任制度などにより失うものがないことから、取締役は無謀な行動に走りやすいという現実がある。取締役は、会社債権者の損害拡大を阻止するため、再建策の検討などをする義務が会社に対する善管注意義務の一環として課されており、その任務懈怠が問題となると解すべきであるという見解がある[*9]。
> 　会社が倒産の危機に瀕した段階では、取締役の株主に対する（会社を経由しての）義務は事実上大幅に後退し、他のステークホルダー（なかでも会社債権者）との関係が重要になる。会社債権者などに対するダメージを極力減らすことが、この段階における会社に対する善管注意義務の主な内容になるという考え方である。平時に

36　多くの裁判例を類型別に分析したものとして『論点体系　会社法3　株式会社Ⅲ』[江頭憲治郎]（第一法規、2012）437頁）。

おいては、多くのステークホルダーが存在するなかで、残余権者である株主に対する関係が重要であるのに対して、経営危機の状況下では重要度が入れ替わるということであろう*10。

このような段階での取締役の無謀な行為は、経営上の裁量や経営努力の要素を含んでいる限りにおいて、不法行為の一般規定によるのではなく本条の責任として対処するほうが適していると考えられる*11。経営の専門家として選任された以上、またその時点まで株式会社の仕組みとメリット（有限責任など）を利用してきた以上、取締役は冷静さを失ってはいけないということなのであろう。

429条1項は、事後的な救済手段を用意するとともに、取締役一般に対してある種の抑制効果を有するものである。ただ、この責任をあまり広く認めると、取締役の裁量が過度に制約されるおそれがあり、また結果責任を問うに等しいことになりかねない。当該事案の事実関係のもとで、取締役に求められる合理的な行為は何かという観点をふまえた判断が求められる*12。

*9 江頭505頁、大隅＝今井＝小林249頁。「経営が悪化してきた場合、取締役は会社に対し、経営状況を確実に把握するとともに、悪化の原因の分析、今後の収益見通しの予測、資金繰りの計画、経営改善のための対策の立案・実行などの必要な措置を講ずる義務を負う。」「……経営が悪化し会社の純財産が全く失われてしまった場合にこそ、債権者への弁済のため残る会社財産を維持することが重要な課題となるはずである。」（吉原和志「会社の責任財産の維持と債権者の利益保護（三・完）」（法学協会雑誌102巻8号1431頁、1985）。

*10 経営危機時には、会社の実質的所有者が株主から債権者に移っており、取締役が会社－債権者に対して信任義務を負うとする見解がある（黒沼悦郎「取締役の債権者に対する責任」（法曹時報52巻10号、2000））。

*11 明白な詐欺は、会社に対する任務懈怠の責任を課すより、取締役の不法行為と構成するのが適切である（江頭506頁）。

*12 「会社債権者保護との関連において、会社の危機時期における取締役の行為規範についても再検討されるべきである（会社429条1項の責任や法人格否認の法理等）。」（森本32頁）との指摘がある。

11 株主代表訴訟・差止請求

(1) 株主代表訴訟

a 意義・沿革

　株主代表訴訟は、会社が取締役など（取締役、執行役、監査役など）に対して有する権利を、一定の場合に、株主が会社にかわって行使する制度である。取締役などの責任は、いわゆる仲間意識などからその責任追及が行われない可能性があるため、株主が会社にかわって責任を追及できるようにするものである（単独株主権）。法文上は、会社が訴える場合を含めて「責任追及等の訴え」とされており（847条1項）、株主代表訴訟という言葉が使われているわけではない。

　この制度は、昭和25年改正において米国の法制を参考にして導入された。同改正は、取締役会制度や授権資本制度などを導入するものであり株主総会の権限を縮小するものであったが、同時に株主の監督是正権を強化する制度が設けられた。株主代表訴訟の制度はその1つである。平成5年に訴訟費用についての改正が行われた。株主代表訴訟は財産上の請求でない請求[37]に係る訴えとみなされて（847条の4第1項）、提訴手数料は一

---

[37] 勝訴しても株主に直接に利益が帰属しないことによる。

律8,200円となり、それを契機に株主代表訴訟の提起が増加した。提訴手数料は、その後の改正により現在では一律13,000円である。

株主代表訴訟は、株主の監督是正権の1つとして重要な機能を有するが、1人の株主の判断で会社全体を巻き込む結果をもたらすことから、濫用的に用いられないような配慮が必要であり、制度的にも一定の手当がされている。

b 対　象

株主代表訴訟の対象となるのは、①役員等[38]、発起人、設立時取締役、設立時監査役、清算人の責任の追及、②不公正価額での株式・新株予約権引受けの場合の出資者からの差額の支払、③違法な利益供与を受けた者からの利益の返還、④出資が仮装された場合の引受人などからの支払である（847条1項）。

①に関して判例は、取締役が会社との取引により負担した債務についての責任も代表訴訟の対象に含まれるとした（2009年、判例百選68事件、商法判例集Ⅰ－132）[39]。

c 原告適格

株主代表訴訟を提起できるのは、6カ月（定款で短縮可）前から引き続き株式を有する株主である（847条1項）[40]。非公開

---

[38] 役員等とは、「取締役、会計参与、監査役、執行役又は会計監査人」をいう（423条1項）。
[39] 取締役に対して、会社への真正な登記名義の回復を原因とする所有権移転登記手続を求めた株主代表訴訟。
[40] 単元未満株主については、定款でこの権利を排除することができる（847条1項カッコ書）。

会社の場合は株式の保有期間要件はない(同条2項)。

　原告適格を有する者は、会社に対して「責任追及等の訴え」を提起するよう請求することができる(847条1項)[41]。ただし、その訴えが、当該株主もしくは第三者の不正な利益を図りまたは当該株式会社に損害を加えることを目的とする場合には、請求できない(同項ただし書)。

d　手　続

　株主は、会社に対して、会社が取締役などの責任追及等の訴えを提起するように請求する(847条1項。書面の提出などにつき施行規則217条)。監査役設置会社・委員会設置型の会社において、取締役・執行役を対象とする場合に、この請求を受けるのは監査役等である(386条2項1号、399条の7第5項1号、408条5項1号)。

　会社として訴えを提起するかどうかを決定するのは、監査役・監査等委員会・監査委員会などである。会社が請求後60日以内に訴えを提起しない場合、当該株主は会社のために責任追及等の訴えを提起することができる(847条3項)。不提訴理由

41　株主でなくなった者は訴訟を提起・継続することができないが、組織再編行為(株式交換、株式移転、吸収合併)によって株主の地位を失った者は、一定の要件を満たす場合には責任追及の訴えを会社(株式交換等完全子会社)に対して請求することができ、会社が原則として60日以内に訴えを提起しないときは自ら訴えを提起することができる(847条の2)。ただし、当該組織再編行為の効力発生日までに、責任追及の原因事実が生じていた場合に限られる。また、株主代表訴訟を提起した株主が、訴訟係属中に組織再編行為によって株主の地位を失った場合も、一定の要件を満たす場合には原告適格を失わない(851条1項)。

書の通知の制度がある（同条4項、施行規則218条）。例外として、会社に回復できない損害が生ずるおそれがあるときは、株主は直ちに（提訴請求の手続を経由せずに）訴えを提起することができる（847条5項）。

この訴えは、株式会社（または株式交換等完全子会社）の本店の所在地を管轄する地方裁判所の管轄に専属する（848条）。株主が代表訴訟を提起したときは、遅滞なく、会社に対して訴訟告知をしなければならない（849条4項）。会社は、責任追及等の訴えを提起したとき、または代表訴訟を提起した旨の告知を受けたときは、遅滞なく、公告し、または株主に通知しなければならない（非公開会社の場合は通知）（849条5項〜11項）。

被告の申立てにより、裁判所は当該株主に対して相当の担保の提供を命じることができる（担保提供命令）（847条の4第2項）。この場合に、被告は原告株主の悪意を疎明しなければならない（同条3項）。ここで「悪意」とは、不当目的または不当訴訟の場合をいうと解される。不当訴訟であることを過失により知らなかった場合を含むかどうかについては、考え方が分かれる（神田269頁参照）。

e 訴訟参加

なれあい訴訟の防止や取締役に不当に有利な訴訟上の和解などの防止のため、会社の提起した訴訟には株主が、株主が提起した訴訟には会社や他の株主が、共同訴訟人として参加することができ、または当事者の一方を補助するために参加することができる（849条1項）。

会社は、株主が提起した訴訟において、被告となった取締役（監査等委員・監査委員を除く）・執行役などの側に補助参加することができるが、その場合には各監査役等の同意が必要である（849条3項）。

f　判決の効果

　判決の効果は、勝訴・敗訴のいずれにおいても会社に及ぶ（民事訴訟法115条1項2号）。

　原告の株主は会社のために訴訟を提起するのであり、勝訴した場合にも損害賠償額などは会社に給付されることになる。勝訴（一部勝訴を含む）した原告株主は、必要費用・弁護士報酬のうちの相当額の支払を会社に対して請求することができる（852条1項）。また、敗訴した場合も、悪意があったときを除き、会社に対して損害賠償責任を負うことはない（同条2項）。

g　訴訟上の和解

　訴訟上の和解をすることは可能である。通常は、原告株主と被告取締役などが当事者である。会社が和解の当事者でないときは、和解が確定判決と同一の効力を有するためには会社の承認が必要である（850条1項）。裁判所は、会社に和解内容を通知し、かつ、異議のあるときは2週間以内に述べるべき旨を催告する（同条2項）。会社が同期間内に書面により異議を述べないときは、この通知内容で和解をすることを承認したものとみなされる（同条3項）。原告以外の株主に和解の内容を周知させる手段はないので、異議を述べるか否かに関する取締役・監査役の善管注意義務は重大である（江頭493頁）。この訴訟上

の和解をする場合には、責任免除について総株主の同意は不要となる（同条4項）。

h 再審の訴え

原告と被告が共謀して会社の権利を害する目的で判決をさせたときは、共謀当事者以外の会社または株主は再審の訴えを提起することができる（853条1項）。

(2) 多重代表訴訟（特定責任追及の訴え）

平成26年改正で847条の3が新設され、最終完全親会社等の株主による特定責任追及の訴え、いわゆる多重代表訴訟の制度が導入された。これは、近年のグループ経営の進展、特に持株会社のスキームの利用が広がったことから、重要な子会社の取締役などの義務違反（任務懈怠など）が親会社株主の利益を害する結果となったときに、親会社株主は直接子会社の取締役などの責任（特定責任という）を問うことができるという制度である。株主である親会社が子会社の取締役の責任追及を怠る懸念があることから設けられたものである。

当該会社（子会社）に訴えを起こすことを請求する手続をとることが原則として求められる点は、通常の株主代表訴訟と同様である。不正の利益を図るなどの目的の場合は訴えを起こすことを請求することができず、また特定責任の原因となった事実によって最終完全親会社等（後述）に損害が生じていない場合も同様である（847条の3第1項1号2号）。

特定責任追及の訴えの提起を請求することができるのは、6

カ月前(定款で短縮可)から当該会社(A)の最終完全親会社等(B)の議決権の1％以上または発行済株式の1％(いずれも定款で引下げ可)以上の株式を有する株主である(847条の3第1項)。このように株主の権利は単独株主権ではなく、少数株主権である。Bが非公開会社の場合は、株式の保有期間要件はない(同条6項)。この請求の日から60日以内にAが訴えを提起しない場合には、当該請求をしたBの株主は、特定責任追及の訴えを提起することができる(同条7項)。

訴えの対象となる責任、すなわち特定責任は、Bおよびその完全子会社等におけるAの株式の帳簿価額がBの総資産額の5分の1(定款で引下げ可)を超える場合[42]における、Aの取締役などの責任である(847条の3第4項)。

ここで最終完全親会社等とは、ある会社の完全親会社等(847条の3第2項)であって、かつ、その会社の完全親会社等がないものをいう(同条1項)。言い換えれば、当該企業グループのトップに位置する株式会社を指す概念である(一問一答(2014)161頁)。

(3) 差止請求権(違反行為の差止め)

取締役が会社の目的の範囲外の行為その他法令もしくは定款に違反する行為をし、またはこれらの行為をするおそれがある場合において、当該行為によって会社に著しい損害が生ずるお

---

[42] 取締役などの責任の原因となった事実の生じた日において、この割合を超える場合である。

それがあるときは、株主は、会社のため、取締役にそれをやめることを請求することができる(360条。執行役について422条)。これは、単独株主権である。監査役等にも同様の差止請求権が認められる(385条、399条の6、407条)。本制度は、株主代表訴訟と同様に米国の法制を参考にして昭和25年改正で導入された。株主代表訴訟の制度が事後的な救済策であるのに対して、この制度は事前の救済策である。

株主については、6カ月前(定款で短縮可)から株式を保有していることが要件である(360条1項)。非公開会社の場合は株式の保有期間要件はない(同条2項)。監査役設置会社および委員会設置型の会社の場合は、「回復をすることができない損害」が生ずるおそれとされ、損害要件が厳格化されている(同条3項)。「著しい損害が生ずるおそれが」あるときは、監査役等が差止請求をする権限があるからである[43]。

この請求権は、裁判外でも裁判上でも行使できる。請求の相手方は取締役・執行役であり、会社ではない。株主がまず会社に対して請求するという手続は要求されない。事柄の性格上、迅速を要するからである。

裁判外の請求もできるが、それでは目的を達することができない場合は、裁判上で請求することになる。差止めの訴えを提起し、それを本案として仮処分の申立てをすることになろう。

---

[43] 監査役等との権限調整に加えて、「請求権の濫用を抑制する観点」(大隈＝今井＝小林252頁)もある。

第 6 章 資金調達

1 株式会社の資金調達

　株式会社は、株主になる者の出資によりスタートする。この資金を元手に事業を始めるが、事業が軌道に乗ってくれば規模拡大のための資金が必要になる。内部資金（留保利益・減価償却費）では不足するのが通例であり、外部から調達することになる。

　企業の発展段階に応じた資金調達のイメージを示したものが図表6－1である。企業規模の拡大ペースが速いときは内部資金では不足し、外部資金への依存度が高くなる。その後、成熟段階に入り成長が鈍化してくると内部資金のウェイトが高まる

図表6－1　企業の成長と資金調達

起業段階	内部資金は乏しく、創業後の資金は外部調達に依存。金融機関からの借入れは容易でなく、起業者自身・縁故者等からの出資・借入れ
成長段階（前期）	外部調達のニーズは引き続き大であるが、内部資金が徐々に増加 外部調達は金融機関からの借入れが主体
成長段階（後期）	借入れのほか、資本市場から株式・社債・新株予約権付社債などにより調達。内部資金のウェイトが上昇
成熟段階	内部資金のウェイト大。配当性向は上昇傾向。成長の鈍化に伴い外部負債は純減

という展開になる。

　起業してからまもない段階では、なかなか金融機関からの借入れなどの外部調達は容易でないが、事業基盤が固まるにつれて外部からの調達が可能になる。企業の成長がさらに進むと、株式の上場を選択する企業も増え、資本市場から株式や社債などで資金を調達するようになる。非上場会社の場合、公募の方法で株式・社債により資金調達をすることは困難である。株式の上場は、広く資金調達を行う場合の事実上の必要条件ともいえる。

　資金調達方法の選択に際しては、資金の使途、調達コスト、返済の要否、今後の資本構成のあり方を勘案して判断することになる。株式、社債などの特徴を簡単に比較したのが図表6－2である（第4章1(2)も参照）。

図表6－2　株式と社債

	株　　式	社債（普通社債）	転換社債（注1）
基本的な商品性 （投資のねらい）	配当の受取り 値上り益	利息収入	転換前は社債（注2）、転換後は株式の商品性
払戻し	原則として出資金の払戻しなし	期限に償還（元本返済）	未転換部分は社債のまま償還。転換後は株式に同じ
経営への参加	議決権 監督是正権	なし	転換前はなし。転換後は株式に同じ
残余財産の分配	会社債権者に劣後して分配される	一般債権者と同順位	転換前は社債に同じ。転換後は株式に同じ

（注1）　転換社債型新株予約権付社債（CB）。ここで転換とは社債に付された新株予約権の行使をいう。
（注2）　利息が付されない場合がある（ゼロクーポンCB）。転換社債の市場価格は株価と転換価額の比率などを反映。

2 株式による資金調達

(1) 意　義

　新しく株式を発行して資金を調達することを一般に増資という。原則として返済義務のないことは株式による資金調達の特色であり、株主資本の増加は、格付の向上をはじめ会社の信用度を高めることにつながる。その半面で配当負担の増加や株主管理負担の増大など、増資が将来的に重荷になる場合もないとはいえない。また、株主割当増資以外の場合は、議決権構成の変化を伴うことになるので、この点を含めての検討が必要である。

　会社法が株式の発行に関して規律を置いているのは、①株式の有価証券化（または振替制度に乗せる）、②既存の株主の利害にかかわるものであることから利害調整が必要、③多くの株主・投資家との間で公正・円滑に手続を進める必要があることによる。利害調整との関連で、どの機関が決定権限をもつかという問題があり、会社法はこの点について会社の性格に応じた規定を置いている。

　株式が発行されれば、それによって新しい株主が株式会社の社員（構成員）として加わることになる。増資は、株式会社の一部設立または追加設立ということもできる（鈴木263頁、森本

205頁)。この点を重視すれば、設立に準じた厳格な規制が必要ということになる。また、既存株主の利害にかかわることになるので、株主総会の承認決議を必要とするという考え方になろう。昭和25年改正以前は、資本金の額は定款の記載事項とされており、新株発行には定款変更の手続が必要であった。

　しかし、すでに会社の基盤が形成され事業活動が行われている段階になっているので、そこまでの厳格さは求めない（業務執行の一環）という考え方になり、発行可能株式総数の範囲内で取締役会決議に委ねるという改正が行われた（昭和25年改正）。ただし、既存の株主に保有株式価値の低下をもたらす方法による発行（有利発行）の場合は、株主総会の承認を要するものとした。この考え方は、会社法のもとでも公開会社について踏襲されている。一方、非公開会社については、株主は自らの経営への影響力（議決権比率の帰趨）に重大な関心を有しているものとみられるため、株主総会決議が必要である。

　新株発行は、通常の新株発行（199条以下の手続による）と特殊の新株発行の概念がある。後者は、新株予約権の行使による新株発行や組織再編行為に伴う新株発行などである。

　会社法は、通常の新株発行と自己株式の処分とをあわせて「募集株式の発行等」と呼んで一体的な規制を置いている。募集に応じて引受けの申込みをした者に対し、株式の発行または自己株式の処分により割り当てられる株式を募集株式という（199条1項柱書）。募集株式は、新株と自己株式の両方を含む概念である。

(2) 増資の形態

a 株主割当て

　株主に対して持株数に応じて株式の割当てを受ける権利を与えて行う増資の形態である（202条）。株主は引受けを義務づけられるわけではないが、割当てに応じなければ持株比率が低下する。また、上場会社の場合は時価を下回る値段で発行価額が設定されることが通例なので、それに応じることが多い（事実上の払込強制力がある）。

　この方法の場合、既存株主の資金力の限界から調達額におのずと限度がある。最近では、株主割当増資は、上場会社ではほとんど選択されず、持株比率の変動を避ける増資方法として主に非上場会社で用いられる方法となっている。

　株主割当ての一種で、中間発行増資と呼ばれる増資形態がある（単に中間発行ともいう）。額面株式の時代に、時価と額面の中間の価格で発行する方法をとったことから、このような名称となったものであり、無額面株式のみになった後も従前の呼び方が用いられている。有利発行規制があるため、株主割当ての方法をとる。比較的多額の資金調達が可能である。

　近年、ライツ・オファリング（ライツ・イシューともいう）と呼ばれる増資の方法が用いられるようになってきている。これは、株主に対して新株予約権の無償割当てを行うものであり、株主割当増資の一種である。ライツ・オファリングでは、新株予約権が上場され、新株予約権を行使しない株主は新株予約権

を市場で売却することができる。新株予約権を取得条項付きのものとして、発行者は未行使の新株予約権を取得し、それを証券会社に譲渡して証券会社が当該新株予約権を行使する方式をコミットメント型という（証券会社は権利行使により取得した株式を市場などで売却する）。この場合は、当該証券会社は引受機能を有することになる。このような契約をしない場合が、ノン・コミットメント型である。

b 公　　募

不特定多数の者に対して勧誘を行う増資方法であり、大規模な資金調達に適した方法である（一般募集ともいう）。払込金額は、市場の時価またはそれを若干下回る金額に設定される。公募増資の場合は、議決権比率の変化をもたらすことになる。

引受人（アンダーライター）を設置して行うのが一般的であり、証券会社が引受けを担当する。証券会社は、投資家に対する勧誘を行うとともに売れ残りのリスクを負担することが通例である。引受人（証券会社）は、引受けの対価として発行者から手数料を受け取り、またはスプレッド（投資家への販売価格と発行者に支払う価格の差額）を収受する。発行者は、引受けの対価を支払えば、専門家である引受人の販売機能・助言機能を利用しつつ自らは売れ残りリスクを負担することなく資金調達をすることが可能になる。

c 第三者割当て

特定の者を相手方とする増資の方法である。第三者という表現が用いられているが、特定の株主に対して割り当てる場合も

第三者割当てである（株主割当ては、すべての株主に対して持株数に応じた割当てを行うものである）。

第三者割当増資は、特定の企業と業務提携・資本提携を行う場合、経営状態が悪化した際の資金支援の場合、株式の買集めに対抗する手段として友好的な者に株主となってもらう（または持株比率を上げる）場合などにおいて用いられる。

(3) 発行手続

a 募集事項の決定

① 株主割当て以外の方法による場合

会社法は、募集株式の発行等につき、株主割当てとそれ以外の2つの場合に分けて規定している。公募と第三者割当ては、会社法の適用に関しては差がない。条文は、非公開会社について株主割当て以外の場合をまず規定し、次いで公開会社の特例を規定し、さらに株主割当て（非公開会社・公開会社）について規定するという構成になっている。条文の適用関係をみる場合には、当該募集株式の発行等が株主割当てか否かを確認し、また発行会社が公開会社か否かをみる必要がある。

公開会社は、有利発行の場合を除き、取締役会決議により募集事項を決定する（201条1項）。募集事項とは、募集株式の数、払込金額またはその算定方法[1]などの199条1項各号に定める事項である（同条2項）。募集事項は、募集ごとに均等に

---

1 公開会社で市場価格のある株式の場合は「払込金額の決定の方法」でもよい（201条2項）。

定めなければならない（同条5項）。

　非公開会社の場合は、株主総会で募集事項を決定する（特別決議）（199条2項、309条2項5号）[2]。また、株主総会決議で、募集株式の数の上限および払込金額の下限を設定したうえで、取締役（取締役会設置会社では取締役会）に募集事項の決定を委任することができる（200条1項）。委任しうる期間は1年以内である（同条3項）。

　平成26年改正により、支配株主の異動を伴う募集株式の割当てについての規律が新設された。すなわち、公開会社において募集株式の引受人が議決権の2分の1を超えることとなる場合（例外あり）[3]は、そのような引受人（「特定引受人」という）および当該引受けに関する情報を払込期日等の2週間前までに株主に通知または公告しなければならない（206条の2第1項〜3項）。支配株主の異動を伴う募集株式の発行等について、株主の意思を問う機会を設けるものである。通知・公告の日から2週間以内に議決権の10分の1（定款で引下げ可）以上を有する株主が反対する旨を会社に通知したときは、当該公開会社の財産の状況が著しく悪化している場合で事業継続のために緊急の

2　非公開会社の場合、通常、株式の市場価格が存在しないので、公正な発行価額の決定は容易でないが、払込金額の決定を株主総会決議によるものとしていることは、既存株主の多数の承認を得ることによりその点を解決するという意味を有する（江頭733頁）。
3　引受人が当該募集株式の株主となった場合に、2分の1を超える場合である。従前から保有していた分と合算して2分の1を超える場合もこれに該当することになる。特定引受人がすでに親会社等に該当する場合はこの規整の適用はない（206条の2第1項柱書のただし書）。

必要があるときを除き、株主総会決議(普通決議。取締役選任の場合と同様の要件)による承認が必要となる(同条4項5項)。特定引受人が当該公開会社の親会社等である場合または株主割当ての場合は、この特則の対象外である(206条の2第1項柱書のただし書)。なお、公募の場合は対象に含まれる。

② 有利発行

払込金額が募集株式を引き受ける者に特に有利な金額である場合は、公開会社においても募集事項の決定には株主総会決議(特別決議)が必要である(201条1項、199条3項)。取締役は、この株主総会で有利発行が必要な理由を説明しなければならない(199条3項、200条2項)。有利発行に該当する場合に株主総会決議によらなかった場合には、法令違反の発行となる。

非公開会社では、有利発行であるか否かにかかわらず、募集事項の決定のために株主総会決議が必要であるが、有利発行の場合は取締役は有利発行とする理由を説明しなければならない。この説明を欠いた場合には、株主総会決議の取消事由になると解される。

どのような場合に「特に有利な金額」に該当するかであるが、上場会社であれば市場価格が基準となる。日本証券業協会の「第三者割当増資の取扱いに関する指針」は、取締役会決議の直前日の市場価格の90％以上を原則とし、例外的に直前日からさかのぼる6カ月以内の平均価格(たとえば直前日からさかのぼる2カ月の平均価格)の90％以上とすることができるとしている。株価下落リスクを勘案して、時価に対してある程度のデ

ィスカウントは許容されるという考え方である。この指針は協会員宛てのものであるから裁判所の判断を拘束するものではないが、これまでの実施実績と改定の経緯を経たものであり、一般に受け入れられているとみられる。とはいえ、同指針はあくまで協会員宛てのものであり、具体的な事実関係によっては、発行会社としてはより慎重に対応すべき場合があることはいうまでもない。

有利発行の規制は、既存株主から新規の取得者に対しての持分価値の移転を防止するためのものであるが、有利発行は禁止されているのではなく、このように一定の手続を経れば許容される。たとえば、会社が経営危機に陥ってエクイティ性の資金を調達する必要があるが、資金供給候補先が一定水準以下の価格でないと応じないという場合がありうる。株主はむずかしい判断を迫られることになるが、それ以外に選択肢がないと考えられる場合には、その程度にもよるが、有利発行になるとしても受入れやむなしということになる場合があると思われる。

③ 株主割当ての場合

株主割当ての場合は、募集事項に加えて、(i)株主に割当てを受ける権利を与える旨、(ii)引受けの申込期日を決定しなければならない（202条1項）。公開会社では取締役会決議による（同条3項3号）。非公開会社では、定款の定めがある場合にはその決定方法により、特に定めがない場合には株主総会の決議による（同条3項1号2号4号）。自己株式に株式を割り当てることはできない（同条2項本文カッコ書）。

株主割当ての場合は、すべての株主に割当てを受ける権利を与えるものであるから、払込金額の水準のいかんによって既存株主に不利な影響が及ぶことはなく、有利発行規制の適用はない（202条5項）。

b　募集事項の通知・公告

　株主割当て以外の場合、公開会社は、払込期日（または払込期間の初日）の2週間前までに募集事項を株主に対して通知または公告しなければならない（201条3項4項）。金融商品取引法に基づく開示書類に募集事項が記載され、かつ、その書類が払込期日（または払込期間の初日）の2週間前までに提出されて公衆縦覧に供されている場合には、この通知・公告は行わなくてよい（201条5項、施行規則40条）。一定の場合に株主は差止請求権を有する（後述）が、その機会を与えるためにこの期間が設けられている。

　株主割当ての場合は、申込期日の2週間前までに、株主に募集事項、割当株式数などを通知しなければならない（202条4項）。

c　申込み・割当て・引受け

　会社は、募集株式の引受けの申込みをしようとする者に対し、商号・募集事項・金銭の払込取扱場所などを通知しなければならない（203条1項、施行規則41条）。ただし、金融商品取引法における目論見書が交付されているなどの場合は、この通知は不要である（203条4項、施行規則42条）。

　申込みをしようとする者は、氏名・名称、住所、引受株式数

を記載した書面を会社に交付して申し込む（203条2項）。この申込みをした者を申込者という。会社は割当てを受ける者および株式数を決定し（204条1項2項）、払込期日（または払込期間の初日）の前日までに申込者に通知する（同条3項）。申込者は割当てを受けた株式について引受人となる（206条1号）。

株主割当ての場合、申込期日までに申込みをしないと割当てを受ける権利を失う（204条4項）。これを一般に失権という。

総数引受契約（総額引受契約ともいう）を締結する場合は、申込み・割当ての特則がある（205条1項）。

d 出資の履行

募集株式の引受人は、払込期日（または払込期間内）に金銭の全額の払込みまたは現物出資の全部の給付をしなければならない（208条1項2項）。金銭の払込みは、会社が定めた銀行などの払込取扱場所において行う。引受人は、会社に対する債権を有する場合でも相殺の方法によって出資を履行することはできない（同条3項）。現物出資については、原則として、裁判所の選任する検査役の調査を受けることが必要である（207条1項。例外につき同条9項）。現物出資財産の過大評価を防ぐためである。

払込期日（または払込期間内）に出資の履行をした引受人は、その日に株主になる（209条1項）。出資の履行をしない場合は、株主となる権利を失う（208条5項）。この場合は、払込み・給付のあった分だけで募集株式の発行等が成立する。これを一般に打切り発行という。もっとも公募の場合は、証券会社

が引受契約において売れ残りリスクを負担するのが通例なので、実際問題として失権株が発生するということはまずない。

(4) 株式発行の瑕疵

a 新株発行などの瑕疵

新株発行や自己株式の処分に瑕疵がある場合について、会社法は規律を設けている。第一は、新株発行などの効力発生前における差止請求の制度である。第二は、新株発行などの効力発生後における無効の訴えおよび不存在確認の訴えの制度である。いったん新株発行などが効力を生ずれば多数の関係者が存在することになり、取引の安全への配慮が必要となることから、発行後の無効については一般に慎重な態度がとられる。ただし、非公開会社の場合は、取引への安全を考慮すべき必要性は低く、無効事由を弾力的に解することが合理的である（森本223頁）。

b 発行の差止め

会社が、①法令・定款に違反し、または、②著しく不公正な方法で募集株式の発行等を行う場合で、これにより株主が不利益を受けるおそれがあるときは、株主は会社に対して募集株式の発行等をやめることを請求することができる（210条。法文上の表現は「第199条第1項の募集に係る株式の発行又は自己株式の処分」）。この請求は裁判外でも可能であるが、裁判上で行うのが通例であり、時間的な制約があるためその訴えを本案として募集株式発行等の差止めの仮処分を申し立てることになろう。

210条の請求は、株主が不利益を受けるおそれがあることが要件である。たとえば、議決権比率の変化は会社に損害をもたらすものではないが、個々の株主にとっては不利益になることがあるので、上記①または②に該当する場合には差止請求をすることができる。会社の経営権をめぐって争いのあるときに、経営者が会社支配維持のために自派に友好的な株主を対象にして第三者割当増資を行うことは、著しく不公正な方法による株式発行とされる可能性がある。

c　無効・不存在

新株の発行や自己株式の処分の無効を主張するためには、会社を相手方とする無効の訴えを提起しなければならない（828条1項2号3号、834条2号3号）[4]。提訴期間の制限があり、公開会社では効力発生日から6カ月以内、非公開会社では1年以内である。また、訴えを提起することができる者は、株主・取締役・監査役などに限られている。被告である会社は、裁判所に担保提供命令を求めることができる（836条）。原告が敗訴した場合に、原告に悪意または重大な過失があったときは、会社に対して損害賠償責任を負う（846条）。新株発行などを無効とする判決は、原告以外の第三者にも効力が及ぶ（対世効。838条）。無効判決の効力は遡及しない（839条）。

新株発行・自己株式処分の実体がまったくないような場合には、不存在確認の訴えを起こすことができる（829条1号2号、

---

[4] 「株式会社の成立の後における株式の発行」（828条1項2号）であり、募集株式の発行に限定されない。

834条13号14号)。被告は会社である。だれでも、いつでも提起することが可能である。請求認容判決の効力は第三者にも及び（対世効。838条)、効力は遡及する（839条カッコ書参照)。

d 民事上の責任

取締役・執行役と通じて著しく不公正な払込金額[5]で募集株式を引き受けた者の差額支払義務（212条1項1号）と現物出資財産が著しく不足する場合の引受人の不足額支払義務（同項2号。通謀は要件ではない）が定められている（なお、同条2項参照)。いずれも会社に対する支払義務である（株主代表訴訟の対象となる)。現物出資の場合における取締役・執行役や現物出資の証明者の責任についての規定がある（213条)。

募集株式の出資の履行を仮装した募集株式の引受人は、会社に対して仮装払込金額の全額の支払義務を負う（現物出資財産の場合は給付義務。会社が金銭支払を請求したときは支払義務）（213条の2第1項)。この責任は株主代表訴訟の対象となり、責任を免除するためには総株主の同意が必要である（847条1項、213条の2第2項)。仮装払込みに関与した取締役・執行役は、会社に対して引受人と連帯して支払義務を負う（213条の3第1項2号)。出資の履行を仮装した者を除き、無過失を立証した者は責任を免れる。

---

[5] 「特に有利な払込金額」と同義であると解されている（森本221頁。伊藤＝大杉＝田中＝松井326頁は、実質的には同義であるとする)。

3　新株予約権

(1)　意義・沿革

　会社法は、新株予約権を「株式会社に対して行使することにより当該株式会社の株式の交付を受けることができる権利」と定義する（2条21号）。この権利が行使されると、会社は新株予約権者に新株を発行する義務を負う（自己株式の交付でもよい）。新株予約権は株式を原資産とするコール・オプションの一種であり、会社がオプションのライターになる。新株予約権は債権の一種である。

　わが国の商法は、かねてよりコール・オプションについて慎重な立場をとり、一定の場合に限ってその発行を認めてきた。既存株主の保護やオプションの投機的性格を考慮したものであるとされる。

　しかし、平成13年11月改正は従来の考え方を変更し、インセンティブ報酬としてのストック・オプションを含めて一般的に新株予約権の制度を導入した。会社法は、これを引き継ぐとともに新株予約権について詳細な規定を置いている。

　新株予約権は、ストック・オプション、資金調達の手段、買収防衛策などのために発行される。融資を受ける条件を有利にするためにローンに新株予約権を付す場合もある。

新株予約権は、その発行のときに対価の払込みを要するものとそうでないものがある。権利行使に際しては権利行使価額の払込みを要し、払込みにより新株予約権者は株主になる。権利行使時の株価が権利行使価額より高ければ、利益が得られることになる。また、株式の時価が権利行使価額を下回っている場合でも、残存行使期間内にそれを上回るという期待がある限りにおいて、新株予約権はなんらかの価値を有する。株価の振幅が大きいという特性を有する銘柄であれば、また残存行使期間が長ければ、なおさらである。「オプションの世界では、変動することが望ましいのである。」[6]。

　新株予約権自体を資金調達手段として用いる場合は、第三者割当ての方法を用いるのが通例である。新株予約権の発行の際に取得の対価として払い込まれる金額が資金調達になるとともに、将来、新株予約権が行使されれば権利行使価額の払込みが行われ、その時点での資金調達となる。ただし、権利を行使するかどうかは株価の状況や新株予約権者の選択による。不確定要素のある資金調達方法であり、資金使途の性格とその時期、既存株主への影響などについての検討が必要である。

(2) 発行手続

a 新株予約権の内容

　会社法は、新株予約権の内容として定めるべき事項を規定す

---

[6] R. C. ヒギンズ、グロービズ経営大学院訳『ファイナンシャル・マネジメント』（改訂3版）（ダイヤモンド社、2015）。

る（236条1項）。①新株予約権の目的である株式の数（または算定方法）、②新株予約権の行使に際して出資される財産の価額（または算定方法）[7]、③金銭以外の財産を新株予約権の行使に際してする出資の目的とするときは、その旨ならびに当該財産の内容および価額、④権利行使期間、⑤行使により株式を発行する場合の資本金・資本準備金に関する事項、⑥譲渡制限を付す場合は、その旨、⑦取得条項（会社が強制取得できる旨の条項）を付す場合は取得事由など、⑧組織再編行為（合併など）をする場合の取扱い、⑨新株予約権証券を発行するときは、その旨、などである。

また、新株予約権には行使条件を付することができる。この条件も新株予約権の内容を構成する。行使条件を定めたときは登記することを要する（911条3項12号ハ）。

b　募集新株予約権の発行手続

会社法は、募集新株予約権の概念を定義する（238条1項柱書）。公開会社においては、有利発行の場合を除き、取締役会決議によって募集事項を定める（240条1項）。非公開会社の場合は、株主総会の特別決議で募集事項を定める（238条2項、309条2項6号）。基本の事項を株主総会決議で定め、取締役（会）に募集事項の決定を委任することもできる（委任しうる期間は1年以内）（239条1項3項）。

募集事項は、①募集新株予約権の内容・数、②募集新株予約

---

[7]　「新株予約権の払込価額は0円とすることができるが、行使価額を0円と定めることはできない。」（論点解説236頁）。

権と引き換えに金銭の払込みを要しないこととする場合には、その旨、③有償発行の場合は払込金額(または算定方法)、④新株予約権の割当日(割当日が効力発生日となる)、⑤金銭の払込期日(有償発行の場合。ただし、定めなくともよい)などである。

公開会社においては、割当日の2週間前までに株主に対して募集事項の通知または公告をする必要がある(240条2項3項)。ただし、金融商品取引法に基づく届出をしている場合などの一定の場合には、通知・公告は不要である(同条4項)。

募集新株予約権の申込み、割当て、総数引受けについて、募集株式の場合と同様の定めがある(242条ほか)。申込者または総数引受契約を締結した者は、割当日に新株予約権者になる(245条1項)。有償発行の場合、払込みによって新株予約権者になるのではない(払込みは権利行使のための条件)。払込期日または行使期間の初日の前日までに払い込む(246条1項)が、会社の承諾があれば、金銭以外の財産の給付(検査役の調査不要)や会社に対する債権との相殺も可能である(同条2項)。発行後に一定の事項の登記が必要である(911条3項12号)[8]。

公開会社において、引き受けた新株予約権を行使したときに支配株主の異動を生ずることとなる場合には、募集株式の割当て等の特則と同様の規制がある(244条の2)。

---

[8] 会社は、発行後、遅滞なく新株予約権原簿を作成し、所定の事項を記載・記録しなければならない(249条)。株主名簿管理人が置かれている場合には、その者に事務を委託することになる(251条)。新株予約権原簿の備置き、閲覧・謄写の請求などについての定めがある(252条)。

(3) 新株予約権の譲渡

　新株予約権の譲渡は、原則として自由である（254条1項）。ただし、新株予約権に譲渡制限を付すことができる（236条1項6号。譲渡の承認手続につき262条ほか）。

　記名式の新株予約権（証券不発行の場合）においては、意思表示により譲渡可能であり、新株予約権原簿への記載・記録が会社その他の第三者への対抗要件となる（257条1項）。新株予約権証券が発行される新株予約権の場合は、新株予約権証券の交付が効力要件である（255条1項）。記名式の証券発行新株予約権・無記名新株予約権（249条1号に定義）の譲渡の対抗要件については、257条2項3項参照。

　新株予約権は、その目的である株式が振替株式であるものであれば振替制度に乗せることができる（振替新株予約権）。ただし、譲渡制限の付された新株予約権は対象とすることができない。振替新株予約権の譲渡・質入れは振替口座簿の記録による（振替法163条、174条、175条）。

(4) 新株予約権無償割当て

　新株予約権無償割当ては、会社法で新しく導入された制度である（277条）。ライツ・オファリングや買収防衛策などにおいて用いられる。

　株主の持株数に応じて割り当てられる（株主の申込手続は不要）。株主に割り当てる新株予約権の内容・数（または算定方

法)、効力発生日などを決定する必要があり、取締役会設置会社においては取締役会決議による（278条1項3項)。株主は、効力発生日に新株予約権者になる（279条1項)。会社は、効力発生日後遅滞なく、株主に対して割当通知を行う（同条2項)。

(5) 新株予約権の行使

新株予約権を行使する場合は行使期間内にする[9]ことになるが、行使に際しては払込みを要する。金銭を払い込む場合は、銀行等の払込取扱場所において払い込む（281条1項)。金銭以外の財産を行使に際してする出資の目的とするときは、財産の給付をする（原則として検査役の調査が必要）（281条2項、284条)。新株予約権者は、会社に対する債権で相殺する方法を用いることはできない（281条3項)。行使に際してする出資は、株式の交付を受ける対価であるからである。会社は、自己新株予約権を行使することができない（280条6項)。

新株予約権者は行使した日に株主になる（282条)。新株予約権の行使による変更登記は、毎月末日現在により、当該末日から2週間以内にすれば足りる（915条3項1号。商業登記法57条)。

(6) 有利発行

新株予約権について有利発行の規制がある。有利発行とは、①新株予約権の発行の際に金銭の払込みを要しない場合におい

---

[9] 行使条件に違反した場合、当該権利行使による株式発行は無効となる（2012年、商法判例集Ⅰ-61)。

て無償とすることが当該者に特に有利な条件であるとき、または②有償の場合においてその払込金額が当該者に特に有利な金額であるときである（239条2項）。①にあるように、無償で発行すること自体が直ちに有利発行になるのではなく、それが特に有利な条件であるときに有利発行となる。

発行会社は、モデル（ブラック＝ショールズ・モデル、二項モデルなど）を用いて新株予約権の価値を測定する。第三者算定機関に依頼するのが通例であり、どのモデルを使用したかが開示される。モデル式による計算の前提となる数値のとり方などの問題もあり、一般の投資家が新株予約権の価値の妥当性を判断することは必ずしも容易ではないものとみられる。

(7) 違法発行などに対する措置

株主による募集新株予約権の発行差止請求の制度がある（247条）。①法令・定款に違反する発行の場合、または②著しく不公正な方法による発行の場合において、株主が不利益を受けるおそれがあるときが要件である。時間的な制約があるため、仮処分を求めることになろう。有利発行の場合の株主総会特別決議を経ないで発行されたことが争点になった裁判例や、会社の経営支配権をめぐる争いがある場合において募集新株予約権の発行が著しく不公正な方法による発行に当たるかどうかが争点になった裁判例がある。

新株予約権発行の無効の訴え（828条1項4号）、新株予約権発行の不存在確認の訴え（829条3号）の制度がある。

4 社債による資金調達

(1) 意　義

　社債は、株式会社（特に上場会社）の資金調達手段として広く利用されている。大量の資金調達が可能であり効率的な調達方法であることに加え、信用度の高い発行会社の場合は10年を超える期限の資金調達も可能である。

　普通社債のほかに、新株予約権付社債などの、株式と社債の中間的性格のものがある。わが国の場合は、企業規模を問わず、転換社債型新株予約権付社債が上場会社の資金調達手段として広く用いられていることが特色である。

　社債の発行者は株式会社に限定されていない。持分会社も社債を発行することができる。会社法は社債の定義を置いている（2条23号）[10]。社債の法的性質は金銭債権であり、相殺の対象となる。今日では振替社債が大宗を占める。

　コマーシャル・ペーパー（CP）は、短期の資金調達手段であり、期限や発行金額などを市場の状況に応じて弾力的に定めることができることから、広く利用されている。今日では、振替制度のもとで発行されている（電子CP）。法的には社債の一

10　会社法における社債の定義とその問題点について、江頭715頁、神田320頁、争点192頁［本多正樹］。

種であり、短期社債という（振替法66条1号）。ただ、短期のものであることから、社債権者集会の制度など会社法の社債に関する規定の一部は適用されない（振替法83条）。

(2) 社債の種類と法的規整

a 社債の種類

社債は、普通社債（straight bonds：SB）と株式と社債の中間的性格を有するエクイティ・リンク債に大別される。エクイティ・リンク債のなかでは、転換社債型新株予約権付社債（convertible bonds：CB）が代表的なものである。近年では転換社債型でない新株予約権付社債は、あまり発行の例をみないようである[11]。

b 法的規整の必要性

社債は債権であり、株式が株式会社の社員の地位であるのと比較して法律的な性格は異なるが、以下の①〜③の特色があることから法的規整が必要とされる。沿革的にみても、わが国では、明治期における商法典制定以来、商法のなかに社債に関す

---

11 このほかの区分をいくつかあげると、まず無担保社債と担保付社債がある。近年は公募で担保付社債が発行されることはまずないが、財務上の特約において担保付きへの切替えを可能とする条項を設ける例がある。また、発行例は多くないが、親会社などによる保証を付した社債がある。社債管理者の設置の有無に着目した社債管理者設置債と不設置債がある。募集形態の違いによる公募債と私募債、募集地の違いによる国内債と外債の区分がある。このほか利付債と割引債、固定利付債と変動利付債などの区分がある。なお、スワップ市場（通貨スワップ、金利スワップ）の発達により、発行会社における実質的な調達資金の性質は発行された社債の条件とは異なる場合が少なくない。

る規定が置かれてきた。また、外資導入を図るため担保付社債に関する自己完結的な法律として担保附社債信託法が制定された（明治38年）。同法の規整の内容は、その後の商法改正にも影響を与えた。平成5年改正において両法の内容が調整され、その後の改正で担保付社債信託法は担保付社債についての特別法と位置づけられて現在に至っている（題名についても「附」を「付」と改正）。

会社法が社債について規定を置くのは、①集団的起債のための技術的な処理の必要性、②社債権者の保護（一般に大量かつ長期の債権であり多数の社債権者が継続的に共通の利害関係に立つため社債権者の団体的取扱いが必要）、③有価証券に表章される権利である（または振替制度に乗せる）ためその面からの規整が必要であることによる。

(3) 社債の発行手続

a 発行方法

公募による発行の場合は、引受人（証券会社など）が置かれるのが通例である。引受けの方式として買取引受けまたは残額引受けがあるが、前者が一般的である。複数の証券会社で引受団を組成する方式と単独引受けの方式がある。

総額引受けは、特定の者（複数もありうる）が社債の総額を包括的に引き受ける方法である。

b 募集事項の決定

会社法は、募集社債の概念を定義（676条柱書）したうえで、

発行手続に関する規定を置いている(以下、募集社債を単に「社債」という)。取締役会設置会社においては、発行額の多寡にかかわらず、募集に関する重要事項の決定は取締役会決議による(362条4項5号、施行規則99条)。指名委員会等設置会社では、その決定を執行役に委任できる(416条4項柱書本文)。

676条に定める募集社債についての事項(以下、便宜上「募集事項」という)は、社債の総額、各社債の金額、償還の方法および期限、利率、利息支払の方法および期限、払込期日などである(676条、施行規則162条)。当該社債を振替制度に乗せるかどうかも社債の発行決議において定める。

募集事項のうち基本的な事項を取締役会で決議したうえで、その他の事項の決定を代表取締役などに委任することができ、市場の状況に応じて機動的に発行することが可能である。いわゆるシリーズ発行、すなわち発行総額の上限や利率の上限などを取締役会で定め、各回の具体的な発行条件については代表取締役などが決定し実行する方式も可能である。取締役会(取締役会設置会社の場合)は、676条1号(募集社債の総額)および施行規則で定める事項の決定を取締役に委任することができない(362条4項5号、施行規則99条)が、それ以外の事項は取締役に委任することができる。この委任の期間については、特に制限はない(論点整理625頁)が、当該会社の事情を勘案して合理的な期間を設定すべきであろう。

c 申込み・割当て

会社は、社債の引受けの申込みをしようとする者に対して、

所定の事項を通知しなければならない（677条1項）。ただし、金融商品取引法に基づく目論見書を交付している場合などにおいては、通知は不要である（同条4項）。

引受けの申込みをする者は、所定の事項を記載した書面を会社に交付する（677条2項）。会社は、申込者のなかから割当てを受ける者・社債の金額などを定めて、払込期日の前日までに通知する（678条1項2項）。なお、総額引受けの場合は、申込み・割当てに関するこれらの規定の適用はない（679条）。

会社による割当てがあると、申込者は社債権者となる（680条1号）。総額引受けの場合は、当該契約の締結により社債権者となる（同条2号）。払込期日までに払込みが行われる。応募額の全額を一括して払い込ませるのが通例である[12]。

d 違法な社債発行

社債の違法な発行について、募集株式の発行等の場合のような特別の規定はない。発行前においては、株主による取締役の行為の差止めに関する一般規定による対応が考えられる。

社債の発行後にそれを無効とすることは実際にはむずかしく、取締役・執行役の損害賠償責任により解決されることになると思われる（江頭809頁、龍田335頁）。

---

[12] 払込みに際して申込者側からする相殺を禁止する規定はない。社債権者が相殺により払込みをした場合には、社債原簿にその旨を記載することが必要である（施行規則166条2号）。金銭以外の財産によって払込みをしたときも、同様に社債原簿への記載を要する（同条1号）。検査役による調査の制度はない。

e　社債原簿

会社は、社債発行後、遅滞なく、社債原簿を作成しなければならない（681条）。社債原簿の記載事項は法定されている（同条1号～7号、施行規則165条）。社債の種類の概念が681条1号で定義されている。

社債権者（無記名社債の社債権者を除く）は、社債発行会社（682条1項に定義）に対し、社債原簿記載事項を記載した書面の交付を請求することができる（682条1項）。社債原簿の備置き、閲覧・謄写の請求について規定されている。閲覧・謄写の請求ができる者は、社債権者、社債発行会社の債権者、社債発行会社の株主または社員である（684条2項、施行規則167条）。社債発行会社（株式会社の場合）の親会社社員（親会社の株主その他の社員）は、権利行使のため必要があるときは、裁判所の許可を得て、閲覧・謄写の請求が可能である（684条4項）。

f　銘柄統合

社債の銘柄統合とは、社債の流動性を高めるため、複数の取引銘柄の社債を同一の取引銘柄の社債とすることをいう（論点解説622頁）。既発行の社債と同一種類となる社債を発行する、または既発行の2種類の社債が同一の種類[13]の社債になるよう社債権者集会決議により社債の内容を変更することが考えられるが、このような同一の種類の社債が市場において同一銘柄として取り扱われることになれば、銘柄統合されたことになる。

13　社債の発行時期にかかわらず、社債の権利内容が同一であれば、社債の種類（681条1号に定義）は同一となる。

(4) 社債権者の権利

a 概　要

社債権者は、期限に償還（元本の返済）を受け、それまでの間は利息の支払を受ける（利付債の場合[14]）。利払いは、国内債については通常年2回である。利息の受領と期限における償還金の受領が普通社債の基本的な商品性である。

最近の公募社債は、満期一括償還である（分割償還の例はみない）。以前は、一定の据置期間後に社債契約で定めた一定額を定期的に償還する方式（抽選により償還を受ける社債を決定）が一般的であった。近時の発行例では、将来の償還負担をならすために、期限の異なる複数の社債（いずれも満期一括償還）を同タイミングで発行する場合がある。

償還金額は、通常、額面金額に等しいが、期中に発行者側から未償還社債を繰上償還することができる旨を約する場合には、プレミアム付き（残存期限の長さなどに対応）とするのが通例である。

社債契約（発行要項）には、買入消却についての規定が置かれるのが通例である。発行会社は、いつでも（通常、発行日の翌日以降）自己の社債を任意に買い入れたうえで社債を消滅させることができる。振替社債の場合は、振替機関が業務規程等

---

[14] 割引債の場合は、期中における利息の支払はなく、期限に額面価格で償還される。発行時に払い込まれた価額と償還額との差額が実質的に利息に相当する。

で定める場合には買入れはできない。

　会社法は、期限の利益喪失についての規定を置いている（739条）が、社債契約において期限の利益喪失に関する条項が置かれるのが通例である。

b　社　債　券

　会社法は、社債券不発行を原則とする（676条6号）。社債券を発行する場合は、発行日以降遅滞なく、社債券を発行しなければならない（696条）。社債券の記載事項は法定されている（697条）。社債券には、記名式と無記名式がある。

　社債券を発行する旨の定めがある場合は、社債券の交付が譲渡の効力要件である（687条）。無記名社債（社債券の発行を要する）においては、社債券の所持が第三者対抗要件である（688条3項）。

　社債券を発行する旨の定めがない社債の場合は、意思表示により譲渡の効力が生じ、社債原簿の記載・記録（名義書換え）が会社などの第三者に対する対抗要件である（688条1項）。

c　振替社債

　わが国では、コマーシャル・ペーパーのペーパーレス化が先行し、次いで一般債（社債、地方債、円建外債など）について振替制度が導入された。振替社債は会社法上の社債であるが、会社法のいくつかの条文の適用が除外される（振替法86条の3）。

　振替社債の権利の帰属は、振替口座簿の記録による（66条）。振替社債については、社債券を発行することはできない（67条1項）。社債の新規発行時に、各加入者の口座に、発行会社か

ら通知された振替社債の金額などが記録される（69条2項3項）。振替社債の譲渡・質入れの効力は、振替の申請に基づき口座管理機関または振替機関の管理する口座の記録により生ずる（73条、74条）。加入者の権利の推定に関する規定が置かれ（76条）、善意取得も認められる（77条）。

振替社債の社債権者が発行会社などに対して権利を行使する場合（たとえば、社債権者集会の招集の請求や議決権の行使）は、直近上位機関（加入者にとってその口座が開設されている振替機関または口座管理機関）から証明書の交付を受けて社債管理者などに提示することになる（86条）。

(5) 社債の管理

社債権者は、共同の利益を有するものとして、社債の管理[15]に関して団体的行動をとることができる。社債権者の個別的な行動（個別的権利行使ともいう）のみでは、その権利保護が十分でない場合があるためである。

社債管理者および社債権者集会の制度は、社債権者の全体としての利益に資するためのものである。ただし、団体的行動の結果が常に個々の社債権者にとって望んでいたものとなるとは限らない。

---

15 社債の管理とは、社債の償還・利払いが行われることを確保するため、社債の発行から償還までの間、必要に応じて債権回収のための手段を講じること（発行会社の契約遵守状況の監視を含む）をいう。

(6) 社債管理者

a 意　義

　社債管理者は、発行会社から委託を受けて、社債権者のために社債の管理（弁済の受領、債権の保全など）を行う者である（702条）。従前は「社債管理会社」といわれたが、会社法で表現が改められた。

　発行会社にとっても、社債の発行後に当該社債に関して相談すべき事項が生じた場合の第一義的な相手方がいるという意義がある。また、わが国の場合はあまり意識されないようであるが、社債管理者の存在によって、事実上、個別の社債権者から直接訴えが提起される可能性が減殺されるという面もある。

　社債管理者が置かれている場合でも、各社債権者が発行会社に対し元利金の支払請求をすることは妨げられない（1928年、判例百選86事件、商法判例集Ⅰ-157）。このほか、社債管理者が総社債権者のため元利金支払請求の訴えを提起したときに、各社債権者が別個に訴えを起こすことができるかという問題がある。不可とする見解[16]があるが、社債管理者の提起した訴訟中で各社債権者に独立の訴訟行為を認める見解[17]がある。後者の見解が基本的に妥当であると考える。

　社債の発行に際しては、原則として社債管理者の設置義務が

16　吉戒修一「平成五年・六年　改正商法」（商事法務、1996）284頁。
17　松下淳一「社債管理会社の地位・権限と民事手続法との関係について」（学習院大学法学会雑誌31巻1号、1995）53頁。

ある（702条）。ただし、以下の場合は例外である。①各社債の金額が1億円以上、または、②会社法施行規則で定める場合（社債の総額を各社債の金額の最低額で除した数が50未満）である（施行規則169条）。近時の公募社債では①のケースが多い。

社債管理者の資格は法定されている（703条）。銀行、信託会社、これらに準ずるものとして施行規則で定める者に限定されている（施行規則170条）[18]。

b 社債管理者の権限

社債管理者の地位は発行会社との間の社債管理の委託契約に基づくものであるが、そのような地位に置かれたときは、法律上、社債権者のために一定の権限が与えられる（いわゆる法定権限）。社債管理者は、社債権者のために社債に係る債権の弁済を受け、債権の実現を保全するために必要な一切の裁判上・裁判外の行為をする権限を有する（705条1項）。また、社債権者集会の決議を経て、①支払の猶予・債務不履行によって生じた責任の免除・和解、②訴訟行為・倒産手続に属する行為をする権限を有する（706条1項本文、同項1号2号）。このうち②については、募集事項で定めれば社債権者集会決議を不要とすることもできる（同項ただし書、676条8号）。

社債管理者は、必要があるときは裁判所の許可を得て、社債

---

[18] 社債管理者が設置されない社債の発行に際して、財務代理人（fiscal agent）が置かれるケースが少なくない。財務代理人は発行者のために社債に関する事務を行うもので、社債の管理を担うものではなく、社債権者との間に直接の契約関係はない。銀行などの金融機関が財務代理人を務めるのが通例である。

発行会社の業務・財産の状況を調査することができる（705条4項）。また、社債権者集会の招集（717条2項）、社債権者集会に出席し意見を述べること（729条1項）、社債権者集会の決議の執行（737条1項）、社債発行会社による著しく不公正な弁済などの取消しの訴えの提起（865条1項）、合併などに関する債権者の異議を述べること（原則）（740条2項）ができる。

社債管理者は、法定権限以外の権限、いわゆる約定権限を有する。これは、社債の管理を委託する契約で定めた場合の権限である。たとえば、発行会社の業務・財産の状況の調査権限が定められる。また、財務上の特約に違反したときに期限の利益喪失を宣言することができる旨が定められる。約定権限を定める場合は、募集事項においてその内容を定め、申込人にその旨を通知するとともに、社債原簿にも記載することが必要である（676条12号、施行規則162条4号。このほか165条8号）。

社債管理者と社債権者は直接の契約関係に立たないが、このように社債の発行に際して応募する者の知りうる状態に置かれることが、社債の管理における社債管理者の法律上の位置づけとあわせて、社債権者との関係で当該約定権限の効果が及ぶことの根拠になるものと解される。実務では、社債要項および社債管理委託契約証書の謄本を発行会社および社債管理者の各本店に備え置き、一般の閲覧に供するのが通例である。

c 社債管理者の義務・責任

社債管理者の義務として、公平・誠実義務（704条1項）と善管注意義務（同条2項）が定められている。公平とは社債権の

内容と数額に応じて複数の社債権者を公平に取り扱うことであり、誠実義務は（取締役の）忠実義務と同じ内容[19]を意味すると考えられる[20]。社債管理者は、会社法または社債権者集会決議に違反した行為をして社債権者に損害が生じたときは、社債権者に対し、連帯して損害賠償責任を負う（710条1項）。また、発行会社との間で貸出などの取引関係のある金融機関が社債管理者に就任する場合が多いこともあり、利益相反行為の場合の責任が法定されている（同条2項）。

> **コラム　710条による社債管理者の責任**
>
> 　社債管理者は社債権者との間で直接の契約関係に立たないため、会社法は710条において社債管理者の損害賠償責任についての特則を設けている（法定責任）。
>
> 　710条1項が原則的規定で、同条2項がその特別規定である。平成5年改正でこの損害賠償責任規定が設けられたが、会社法で強化された（相殺などの場合を追加）。ただし、同条2項の責任については、社債管理者が誠実にすべき社債の管理を怠らなかったこと、または当該損害が当該行為によって生じたものでないことを証明したときは、この限りでない（710条2項柱書のただし書）。このように同条2項では、要件の定型化と証明責任の転換が規定されている。
>
> 　一般に利益相反の問題に対処するには、①利益相反の地位につくこと自体を禁止（制限）する、②相手方に自らの立場を事前に開示し、異存のない場合に取引を行う、③損害賠償責任の追及を容易にするための特則を設ける（無過失責任、立証責任の転換、一定事項

---

19 「社債管理者の利益―社債権者以外の第三者を含む―と社債権者の利益が相反する場合に、社債管理者が自己または第三者の利益を図って社債権者の利益を害することは許されないという内容のものと考えられる。」（前田660頁）。
20 社債権者と社債管理者の利益が相反する場合における特別代理人の選任（707条。社債権者集会の申立てにより裁判所が選任）。

を立証したときに免責）などの方法が考えられる。710条は、③（一定事項を立証したときに免責）に該当するものである（前田661頁参照）。②の例として、金融商品取引法37条の2（取引態様の事前明示義務）がある。

社債管理者の免責が認められた裁判例がある（2009年、判例百選85事件、商法判例集Ⅰ－156）。

d 社債管理者の辞任・解任

社債管理者の辞任については、発行会社および社債権者集会の同意を得た場合、または社債管理の委託契約に定めた事由がある場合（発行会社・社債権者集会の同意不要）において、他に社債管理者があるときに（または、あらかじめ事務を承継する社債管理者を定めて）可能である（711条1項2項）。やむをえない事由があるときは、裁判所の許可を得て辞任することができる（同条3項）。このほか、裁判所による社債管理者の解任についての規定が置かれている（713条）。社債管理者の事務の承継についての定めがある（714条）。

(7) 社債権者集会

a 意 義

社債権者集会は、社債権者の利害に重大な関係がある事項について社債権者の総意を決定するための集会であり、臨時的な合議体である（717条1項）。社債権者の利益保護のためのものであるが、社債権者の多数決で物事を決める手段でもある。多数決原理がとられていることは、発行会社にとっても利点である（社債契約の変更について社債権者全員の同意を得ることは公募

債では事実上困難である)。社債権者集会は、社債の種類ごとに組織される(715条)。社債の種類の定義は、681条1号にある。

b 決議事項

社債権者集会の決議事項は、会社法に規定する事項および社債権者の利害に関する事項である(716条)。社債権者集会の決議によって社債管理者が行うことのできる行為が定められている(706条1項)。

社債の元利金の減免については、706条1項で明示されていないため、社債権者集会の決議事項に含めることができるか否かは解釈に委ねられる。同項1号の「和解」に含めうるとする見解[21]、716条の決議事項に含めうるとする見解[22]など[23]があり、一方、消極に解する見解がある[24]。むずかしい問題であるが、私見では、社債権者集会の存在・役割と裁判所の関与(認

---

[21] 江頭814頁および江頭憲治郎「社債権者集会による社債の償還金額の減免等」(NBL No.985(2012.9.15))。「事業再生関連手続研究会 中間取りまとめ」(経済産業省経済産業局産業再生課、2013年3月)も同旨。

[22] 「元利金の減免が多数決で決定できるか否かは、疑問の余地もあるが、合理的な範囲で認められると解される。」(神田332頁、716条についての説明)。『論点体系 会社法5 社債、組織再編Ⅰ』[宮野勉](第一法規、2012)180頁。

[23] 具体的状況の下での社債権者の選択肢拡大などの利益があることから「現行法の枠内でも社債権者集会決議による社債の元金減免は認められると考えられる。」(岩間郁乃「社債権者集会決議による社債の元金減免の可否と社債権者の合理的意思決定」(東京大学法科大学院ローレビュー7巻3頁、2012年9月))。

[24] 伊藤=大杉=田中=松井354頁は、「……これ(引用者注:社債の償還金額の減免)は、会社法706条1項に直接的に挙げられていない。したがって、法は、償還金額の減免が最も重要な権利内容の変更に該当し、全社債権者の同意を要求しているのだと評価できる。」とする。

可手続）が法によって明記されていること（多数決の結果に拘束されることにつき社債権者に予測可能性がある）、元利金の減免が問題になるような状況において合理的な解決を講じうる手続があることは社債権者にとっても利益になる場合があることを考慮すれば、「社債権者の利害に関する事項」（716条）に含まれると解することが妥当であると考える[25][26]。

会社法制定前は、法定決議事項以外の事項を社債権者集会で決議するには、事前に裁判所の許可を得ることが必要であった。多数決の濫用の弊害防止等の趣旨であったが、決議の効力発生に裁判所の認可が必要とされるので、二重に裁判所の関与を必要とすることもないことから事前許可制は廃止された。

c 招集手続

社債権者集会は、発行会社または社債管理者が招集する（717条2項）。また、社債権者（社債総額の10分の1以上を有する社債権者）は、発行会社または社債管理者に対して招集を請求することができ、招集手続が行われないなどの場合には、裁判所の許可を得て招集することができる（718条1項3項）。

---

[25] 元利金の減免について社債権者集会で決議しうるという解釈に立つ場合にも、これは社債権者の基本的な権利にかかわるものであるため、当該元利金減免の程度が発行会社の現況および将来の返済能力についての見通しとの関連において合理的か、社債権者集会招集通知における説明内容に不足がなかったかなど、裁判所の決議の認可に際して考慮されるべき要素が少なくないと思われる。

[26] 産業競争力強化法57条は、同法所定の確認を経た社債の元本減免の社債権者集会決議につき、裁判所は当該決議が「社債権者の一般の利益」に反するか否かを判断する旨を規定する（現行会社法で決議可能という解釈に立脚するもの）。

招集者は、日時・場所、目的事項などを決定し（719条、施行規則172条）、集会の日の2週間前までに社債権者、発行会社および社債管理者（社債管理者がある場合）に通知する（720条1項）。無記名式の社債券を発行している場合は、3週間前までに公告することを要する（720条4項5項）。

d　議決権・決議方法

社債権者は、その有する当該種類の社債の金額の合計額（償還済みの額を除く）に応じて議決権を有する（723条1項）。

無記名社債の社債権者は1週間前までにその社債券を招集者に提示することを要し（723条3項）、振替社債の場合は証明書（直近上位機関が発行）の提示が必要である（振替法86条2項。1週間前までおよび当日の提示）。

社債権者集会の決議は、出席した議決権者（議決権を行使しうる社債権者）の議決権の総額の過半数の同意（普通決議）が原則である（724条1項。定足数要件なし）。一定の事項については、議決権の総額の5分の1以上で、かつ、出席した議決権者の議決権の総額の3分の2以上の同意が必要である（特別決議）（同条2項）。目的事項以外の事項について決議をすることはできない（同条3項）。議決権の代理行使（725条）、書面による議決権の行使（726条）、議決権の不統一行使（728条）、社債権者集会の議事録（731条）についての定めがある。

社債発行会社・社債管理者の代表者・代理人は、社債権者集会に出席することができ、または書面により意見を述べることができる（729条1項）。

社債権者集会においては、大口社債権者（当該種類の社債の総額の1,000分の1以上を保有）を代表社債権者（複数も可）に選任し、その決議事項について代表社債権者に決定を委任することができる（736条）。代表社債権者の解任はいつでも可能であり、また委任事項の変更ができる（738条）。

e　決議の効力・執行

　社債権者集会の決議（以下、「集会決議」という）には裁判所による認可が必要である。集会決議の日から1週間以内に申立ての要がある（732条）。集会決議は、裁判所の認可がなければその効力を生じない（734条1項）。集会決議の不認可事由が定められている（733条1号〜4号）。「決議が著しく不公正であるとき」「決議が社債権者の一般の利益に反するとき」が不認可事由に含まれている（同条3号4号）。

　裁判所の認可により、集会決議は、当該種類の社債を有するすべての社債権者に対してその効力を有する（734条2項）。裁判所の認可または不認可の決定があった旨の公告（社債発行会社による）が必要である（735条）。

　集会決議は、社債管理者または代表社債権者（社債管理者があるときを除く）が執行する（737条1項）。ただし、集会決議によって別に決議執行者を定めることができる（同項ただし書）。決議執行者の解任・委任事項の変更ができる（738条）。

　社債権者集会の費用は、社債発行会社が負担する（742条1項）。

5 新株予約権付社債

(1) 概　　要

　新株予約権付社債は、転換社債型新株予約権付社債とその他の新株予約権付社債がある。前者は、従前の転換社債（CB）と同様の商品性を有するものである。後者は、いわゆる非分離型の新株予約権付社債であるが、実際の発行例はあまりないようである。従前の分離型は、社債と新株予約権を同時に発行し、同一人に割り当てるものであるが、会社法のもとでは、普通社債と新株予約権の規定が適用され、格別の規定は置かれていない。以下では、転換社債型新株予約権付社債（以下、「新株予約権付社債」または「CB」という）について述べる。

　新株予約権付社債は、新株予約権の行使（以下、「転換」という場合がある）が行われるまでは社債としての性格を有し、権利行使されると社債権が出資に充当され（保有者による新たな出資は不要）、権利行使価額についての定めに基づいて一定数の当該発行会社の株式の交付を受ける仕組みである。CBは、混合型の証券（hybrid securities）の代表的なものである。

　CBは、株式と社債の中間に位置する資金調達手段であり、中間的であるがゆえのメリットと問題点がある。転換権という甘味剤（sweetner）の効果により普通社債よりも低利率で発行

できる。近時は利息を付さない発行例も少なくない(ゼロクーポンCB)。銘柄や市場の状況にもよるが、転換権の効果により比較的大量の調達も可能である。

　転換後は株式になるから、配当負担の増加、議決権への影響などがある。株式として資金調達を行うことのメリット・問題点に帰することになるが、その時期が不確実であることは、転換権の行使が保有者の選択によることの必然的な帰結である。株式への転換のタイミングやスピードを発行者の側からコントロールすることは、基本的には困難である(コール・オプション条項や一定の転換制限条項を付すことによりある程度は可能)。このような特性があることから、資本政策、財務計画上の不確定要因になることに留意を要する。転換価額は、発行時の時価に対してプレミアムをつけた価額になる。どの程度のアップ率にするかはCBの商品性の重要な要素であるとともに、既存株主の利害にも影響する問題である。

　投資家の側からみた場合は、エクイティものへの投資としての魅力(キャピタル・ゲイン獲得期待など)が重要である。また、社債としての期限があるため、株価不冴えにより転換の機会が得られなくても償還により投資資金の回収が図れる。

(2) 発行手続

a　募集事項の決定

　新株予約権付社債の発行手続は、募集新株予約権の発行手続による。募集社債についての規定の適用はない(248条)。公開

会社の場合、有利発行に該当する場合を除き、取締役会決議（240条1項）で募集事項（新株予約権に関する事項と社債に関する事項）を決定する（236条1項、238条1項。社債に関する事項は同項6号）。転換社債型の場合は、当該社債権をもって新株予約権行使の際の出資に充てる旨（236条1項3号）を決定する。割当日の2週間前までに株主に対し募集事項を通知・公告することを要する（一定の場合の例外がある）。

b 発行条件

① 新株予約権付社債券を発行する場合と、発行しない場合がある。新株予約権付社債の発行の決定において、振替法の適用を受けることを決定すれば、振替新株予約権付社債として同制度の対象になる[27]。振替新株予約権付社債の権利の帰属は振替口座簿の記載・記録による（振替法192条1項）。振替新株予約権付社債については、新株予約権付社債券を発行することはできない（振替法193条1項）。

② 社債の償還方法、期限、利息の支払についての規定を置く。近時は利息を付さない発行例がある。

③ 社債管理者の設置原則は、普通社債の場合と同じである。CBでは、個人消化をねらいとして各社債の金額が比較的少額（たとえば100万円）に設定されることが多いものとみられる。この場合には、社債管理者設置義務の例外である各社債

---

27 新株予約権の目的である株式が振替株式であるものに限り、新株予約権について譲渡制限の定め（会社法236条1項6号）のあるものを除く（振替法192条1項）。

の金額 1 億円以上の要件に該当しないことから（施行規則169条に該当しない限り）社債管理者を設置することになる。
④ 社債権者集会の規定の適用がある。
⑤ 新株予約権については、行使方法、新株予約権の行使により交付する普通株式の数を算定するための価額（転換価額）、行使期間、行使請求の手続などについて定める。

　転換価額の調整条項が置かれる。これは、発行後に一定の事由（たとえば時価を下回る払込金額での増資）があったときに、一定の算式に基づき転換価額を調整するものであり、転換権の価値が発行時に比べて割り負けしないようにするためのものである。

　転換価額の修正条項が置かれる発行例があるが、これは発行後における一定の時点の株価に応じて、あらかじめ定めた方式で転換価額を修正するというものである。修正後の転換価額について下限が設けられる場合が少なくない。
⑥ コール・オプション条項は、発行会社の側から期中に償還することができることを定めるものであり、この条項を設ける発行例が少なくない。株価が転換価額を一定の幅（たとえば130％以上）、一定期間上回るなどの条件を満たしたときに繰上償還できると定める。このほか、組織再編行為の場合や上場廃止などの場合における繰上償還（発行会社による）の条項が設けられるのが通例である。
⑦ プット・オプション条項は、発行後一定期間経過した時点で社債権者の側から償還を請求することができるというもの

であり、この条項を設ける発行例がある。その時点までに転換が進捗していない場合には、当初の期限より早く未転換部分の社債残高を償還しなければならないことになる。本条項を設けた場合、発行会社としては、早期償還の可能性を資金計画に織り込んでおくことが必要である。

c 有利発行

新株予約権付社債については、新株予約権部分について新株予約権の有利発行に関する規定が適用される（238条3項、239条2項）。公開会社においても、有利発行に該当する場合は、募集事項の決定には株主総会の特別決議が必要である（240条1項、238条2項、309条2項6号）。

コール・オプションとしての新株予約権の価値を基準として、当該CBの発行に際しての甘味剤として妥当なものかどうかを金利水準、資金調達の規模、発行時の市場環境などを考慮して判断し、有利発行に該当するか否かを判断することになるものと考えられる（神田336頁、大隅＝今井＝小林375頁）。

第7章 株式会社の計算

1 計算の意義・会計原則

(1) 計算の意義

　会社法は、第2編第5章で株式会社の計算等について規定する。計算は会社法制における用語であるが、一般に会計といわれるものである。

　会社は、自らの業務運営状況を管理し経営企画を立案するなど、合理的な経営のために会計の手法を利用するが、自主的な行動に任せるだけでなく会社法が計算について規制を置く目的は、①株主や会社債権者に対しての情報提供（株主の場合には自らの出資の成果を知るための手段でもある）[1]、②剰余金の分配の規制にある。

　株式会社の場合は、会社債権者にとって会社財産のみが会社債務の引当である。剰余金の配当や自己株式の取得は株主への会社財産の払戻しを意味するから、これらが行き過ぎると会社債権者の利益が害される。剰余金の分配に関する規制が会社法に設けられるのはこのためである。

　このような目的を有する計算規制の重要性はいうまでもない。「計算規定は、株式会社に関する法規整の要をなすもので

---

[1] 一定の範囲での情報開示が強制されるとともに、開示の様式も会社間の比較を容易にするために統一される。これも規制を置く意義である。

ある。」（竹内626頁）。

(2) 会計原則

　会社法は、「株式会社の会計は、一般に公正妥当と認められる企業会計の慣行に従うものとする。」と規定し（431条）、公正妥当な企業会計の慣行の存在を前提としつつ具体的な会計処理はそれによることを定めている。

　一般に公正妥当と認められる会計慣行とは、企業会計原則その他の会計基準が該当するが、これらに限定されるものではない。たとえば、中小規模の株式会社にとって「中小企業の会計に関する指針」「中小企業の会計に関する基本要領」は、それに該当するものと解される（江頭629頁）。

　また、必ずしも相当の時間が経過とともに確立した慣行に限られるものではなく、新しくルールとして導入されたものであっても、その策定主体や内容の合理性から判断して既存の慣行と同視しうるものは、ここでの一般に公正妥当と認められる会計慣行に含まれるものと考えられる。

2　会計帳簿と閲覧等の請求

(1) 会計帳簿

　株式会社は、法務省令（会社法施行規則、会社計算規則）で定めるところにより、適時に、正確な会計帳簿を作成しなければならない（432条1項）。作成の適時性と正確性が明文で定められている。正確性は当然のことであるが、各国の立法例も参照してこの規定が置かれたものである（一問一答144頁）。

　会計帳簿は、計算書類・附属明細書作成の基礎となる帳簿である。会計帳簿と事業に関する重要な資料は、会計帳簿閉鎖の時から10年間の保存義務がある（432条2項）。

(2) 帳簿閲覧請求権

　一定の要件を満たす株主は、会社の営業時間内に、いつでも、会計帳簿またはこれに関する資料の閲覧・謄写の請求をすることができる（433条1項）[2]。ここでの要件は、総株主の議決権の100分の3以上の議決権または発行済株式（自己株式を除く）の100分の3以上を有することである（いずれも定款で引下げ可）。この権利については、企業秘密の漏えいの問題があり、

---

[2]　本制度のほか、検査役（少数株主の申立てにより裁判所が選任）による会社業務・財産の調査の制度がある（358条）。

濫用のおそれがないとはいえないことから、単独株主権ではなく、少数株主権として規定されている[3]。親会社社員（親会社の株主その他の社員）は、その権利を行使するため必要があるときは、裁判所の許可を得て、閲覧等の請求が可能である（同条3項4項）。

この権利を一般に帳簿閲覧請求権という。昭和25年改正において米国の法制を参考に導入されたものであるが、「検査役による会社の業務・財産状況の調査ではなく、株主が直接に会計帳簿等の閲覧・謄写を請求できるとする制度は、比較的稀である。」（江頭699頁）。

ここで閲覧等の請求の対象になる資料とは、会計帳簿作成の基礎となった資料であり、伝票（会計帳簿に含まれない場合）・受取証・契約書・信書などをいう（1991年、判例百選78事件、商法判例集Ⅰ－148）。学説の多くも同様の見解である（鈴木＝竹内387頁、前田574頁、大隅＝今井＝小林344頁など）。ただし、会計帳簿・資料の範囲について、会社の会計に関する限りいっさいの帳簿・資料が閲覧権の対象に含まれると解すべきであるとする見解がある（江頭700頁）。当該会社の実情（公開型のタイプか閉鎖型のタイプか）によって本請求権の働き方が異なるとも考えられ、なお分析・検討を要する。

---

[3] 「この開示には、企業秘密の漏洩という問題がある。会社法は、知った情報の目的外使用の禁止、二次的な秘密漏洩の防止等のための特段の手当てはしていないが、本来はこの点に関する何らかの手当てをすべきである。」（稲葉496頁）。

株主は閲覧等の請求にあたっては、その理由を明らかにしなければならない（433条1項柱書後段）。請求の理由は具体的に記載することを要する。ただし、請求の理由を基礎づける事実の存在までを立証する必要はないとするのが判例である（2004年、判例百選79事件、商法判例集Ⅰ－147）。会社はその理由などから判断して、一定の拒絶事由に該当すると認められる場合は、請求を拒むことができる（同条2項1号～5号、限定列挙）。拒絶事由の存在の立証責任は会社が負う。近い将来、競争関係に立つ蓋然性が高い場合にも、同項3号の拒絶事由があるとする裁判例がある（2007年、商法判例集Ⅰ－149）。

　裁判所による会計帳簿の提出命令の制度がある。裁判所は、申立てによりまたは職権で、訴訟の当事者に対し、会計帳簿の全部または一部の提出を命ずることができる（434条）。計算書類およびその附属明細書についても同様である（443条）。

3 計算書類

(1) 意　　義

　計算書類とは、貸借対照表、損益計算書、株主資本等変動計算書および個別注記表をいう（435条2項、計算規則59条1項）。事業報告・附属明細書は、計算書類に含まれない。

　計算書類・事業報告・附属明細書・臨時計算書類をあわせて計算書類等という（442条の、同条における定義。435条ほかの見出しなど）。計算関係書類は、各事業年度に係る計算書類およびその附属明細書のほかに、成立の日の貸借対照表、臨時計算書類、連結計算書類を総称する用語である（計算規則2条3項3号）。

(2) 貸借対照表

　貸借対照表は、バランスシート（B／S）ともいわれるが、ある特定の時点の会社の財政状態を示すものである。いわばスナップ写真である。

　資産の部の合計額は、負債の部と純資産の部を合計した額に等しい。「資産＝負債＋純資産」であり、これを貸借対照表等式（B／S等式）という。貸借対照表の左側は資金の運用形態、右側は資金の調達源泉であるが、B／S等式はこのことを

示すものでもある。負債と純資産の比率をみれば、その会社がどの程度まで負債（他人資本）に依存しているかがわかる。また、資産の額と負債の額が決まれば、その差額として純資産の額が決まる（純資産＝資産−負債）。

純資産の部の記載はやや複雑であるが、株主資本（資本金、資本剰余金、利益剰余金など）、評価・換算差額等、新株予約権で構成される。自己株式は、株主資本のなかにおける控除項目として記載される（自己株式の取得価額を控除する形式で表示）。資本剰余金は資本準備金とその他資本剰余金で構成され、利益剰余金は利益準備金とその他利益剰余金で構成される。

(3) 損益計算書

損益計算書は、一定の期間の損益の状況を示すものである。Ｐ／Ｌともいわれる。売上高をまず記載し、項目を分けて段階的に損益を記載する。どのような過程を経て会社の利益・損失が生じたのかを表示するものである。

営業利益（損失）は、営業活動によって生じた損益を示すものである。経常利益（損失）は、会社の経常的な活動の成果を示すものとして一般の関心の高い数字である。当期純利益（純損失）は、最終的な損益の状況を示すものである（いわゆるボトムライン）。

貸借対照表・損益計算書は、その数字自体が意味をもつ場合（会社の規模、黒字か赤字かなど）があるが、他社と比較する場合は、比率（たとえば、自己資本比率、自己資本利益率、売上高

利益率）を計算して行うことが多い。財務比率分析と呼ばれるものであり、会社の信用度・債務返済能力についての判断や株価分析などにおいて用いられる。

(4) 株主資本等変動計算書

株主資本等変動計算書は、各事業年度における純資産の部の変動を示すものである。株主資本などの項目が、剰余金の配当、自己株式の取得・処分・消却、新株の発行などに伴ってどのように変動したかなどを示す。

(5) 個別注記表

個別注記表は、継続企業の前提に関する注記、重要な会計方針に係る注記、会計方針の変更に関する注記、各計算書類に対する注記、重要な後発事象に関する注記などを記載するものである。会計監査人設置会社以外の会社で非公開会社の場合などにおいては、一定の簡略化が許容される。

(6) 事業報告

事業報告は、計算書類とともに重要な情報提供の手段である（会社法により従前の営業報告書の名称が改められた）。計算書類に含まれないのは、記載内容が必ずしも計算（会計）に関するものに限定されていないためである（一問一答146頁）。施行規則において、事業報告に記載すべき事項が規定されている。公開会社の場合は、より詳しい開示が求められる。事業報告に

は、営業秘密にわたる事項は、秘密とすることが正当と認められる限り記載する必要はない（江頭599頁）。

(7) 附属明細書

　計算書類、事業報告の内容を補足し、説明するものである。附属明細書は、株主総会の招集通知の際に提供すべき書類（取締役会設置会社の場合）には含まれない。会社の本店および支店（写し）に備え置いて、株主・会社債権者などの閲覧・謄写請求の対象になる（いわゆる間接開示）。

4 計算書類等の作成・監査・承認等

(1) 計算書類等の作成・監査

株式会社は、会社計算規則の定めるところにより各事業年度に係る計算書類・事業報告・附属明細書を作成しなければならない（435条2項）。計算書類・附属明細書は、当該事業年度に係る会計帳簿に基づき作成する（計算規則59条3項）。計算書類・附属明細書の保存期間は10年である（435条4項）。

取締役会を設置した会計監査人設置会社の場合の監査手続について述べると、計算書類・附属明細書は、作成後、監査役・監査等委員会・監査委員会および会計監査人の監査を受けなければならない（436条2項1号）。計算関係書類を作成した取締役・執行役は、会計監査人に計算関係書類を提供しようとするときは、監査役、監査等委員会・監査委員会の指定した監査等委員・監査委員（以下、本章において監査役会・各委員会の場合を含め「監査役等」という）にも提供する（計算規則125条）。会計監査人の監査結果をふまえて監査役等が計算書類・附属明細書を監査する。監査役等は、会計監査人の監査の相当性についても監査する（計算規則127条2号ほか）。事業報告およびその附属明細書は、会計監査人の監査の対象とはならず、監査役等が監査する（436条2項2号）。

(2) 計算書類等の承認

 取締役会は、会計監査人および監査役等の監査報告をふまえて計算書類・事業報告・附属明細書を承認する（436条3項）。

 取締役会設置会社においては、定時株主総会の招集通知に際して、計算書類・事業報告（該当する場合には監査報告・会計監査報告を含む）を株主に提供することを要する（437条）[4]。株主に対する直接開示である。計算書類・事業報告は、定時株主総会に提出（提供）される（438条1項）。計算書類等は、株主総会の2週間前（取締役会設置会社）または1週間前（非取締役会設置会社）から本店および支店（写し）に備え置く（本店では5年間、支店では3年間）（442条1項2項）。株主・会社債権者の閲覧・謄本（または抄本）の交付などの請求の対象となる（同条3項）。親会社社員（親会社の株主その他の社員）は、その権利を行使するため必要があるときは、裁判所の許可を得て、請求可能である（同条4項）。

 計算書類は株主総会の承認を受ける必要があり、それによって確定する（438条2項）。事業報告は、その内容について株主総会で報告する（同条3項）。会計監査人設置会社の場合は特則がある。すなわち、取締役会の承認を受けた計算書類につい

---

[4] 定款の定めがある場合には、株主総会参考書類に記載すべき事項や添付書類（事業報告、計算書類など）に表示すべき事項のうち、一定の事項以外のものについてウェブ開示の方法をとることができる（施行規則94条1項・133条3項～7項、計算規則133条4項～6項・134条4項～6項）。

て会計監査人の無限定適正意見があり、監査役等の監査報告に会計監査人の監査の方法・結果が不相当であるとする意見・付記がないなどの場合には、株主総会による計算書類の承認は必要なく報告で足りる（439条、計算規則135条）。この場合、計算書類は取締役会の承認によって確定する。上場会社の実務では、この特則による方法が一般的となっている。

(3) 決算公告

定時株主総会終結後遅滞なく、会社は貸借対照表（大会社の場合は貸借対照表と損益計算書）を公告しなければならない（440条1項）。①電子公告、②官報・日刊新聞紙への掲載による公告（この場合は要旨の公告で足りる）、③ウェブサイトに掲載する方法（定款の定め不要。5年間）のいずれかによる（同条2項3項）。③の開示は、電子公告とは別の制度である。金融商品取引法に基づき有価証券報告書を提出しなければならない会社の場合は、公告などの手続は不要である（同条4項）。

(4) 臨時計算書類

会社は、臨時決算日を定め、臨時計算書類（貸借対照表、損益計算書）を作成することができる（441条1項）。臨時決算日は、最終事業年度の直後の事業年度に属する一定の日である。この制度は、剰余金の配当に際して、当該事業年度における期間利益の配当を可能にすることなどのための措置である（一問一答150頁）。

(5) 連結計算書類

　会社は企業集団のなかで活動する場合が少なくない(特に上場会社の場合)。この場合には、個々の会社の財務情報のみでは会社の実態の把握が困難である。会社が属する企業集団の状況は、株主・会社債権者などにとって重要な情報である。

　会計監査人設置会社は、連結計算書類を作成することができる(444条1項、計算規則61条ほか)。会社の規模を問わない。連結決算の監査は専門性が要求されるので、会計監査人の設置が要件となっている。大会社で、かつ、金融商品取引法により有価証券報告書の提出義務のある会社は、連結計算書類の作成が義務づけられる(444条3項)。

　連結計算書類は、取締役会設置会社の場合、会計監査人の監査、監査役等の監査、取締役会の承認を経て定時株主総会の招集通知に際して株主に提供される(444条4項〜6項)。株主総会ではその内容と監査の結果が報告される(同条7項)。連結計算書類は、株主総会の承認決議の対象ではない。

　連結キャッシュフロー計算書は、金融商品取引法上の連結財務諸表に含まれるが、連結計算書類には含まれない[5]。

5　定時株主総会招集通知の添付書類において、連結計算書類の記載に続けて「ご参考」として連結キャッシュフロー計算書を掲載している会社がある。

5 資本金・準備金

(1) 意　義

　会社法は、株主と会社債権者の利害を調整するために剰余金の分配に関する規制を設けており[6]、資本金と準備金の制度はそのための仕組みの1つである。資本金・準備金は、株主への配当などの後も維持されるべき最低限の金額を意味し、株主への会社財産の払戻しを制約する役割を有する。なお、資本金・準備金を計上するといっても、現実に現金・預金などを積み立てるわけではない（資本金・準備金に直接的に対応する財産があるわけではない）。資本金・準備金は計算上の数額であり、一定額の会社資産を確保することを求める指標である。

　資本金の額は、原則として設立またはその後の株式の発行における株式の実際の払込額（現物出資の場合は給付額）の総額である（445条1項）。ただし、払込み・給付に係る額の2分の1を超えない額は資本金に計上しないことができ、その額（払込

---

[6] 株主は配当ができるだけ多いことを期待するであろうから、一般に株主と会社債権者の利害は対立する。とはいえ、長期保有を志向する株主は、中・長期的な視点に立った投資の遂行や財務体質の安定（およびそれによる資金調達コストの低下）のために相応の内部留保の維持が望ましいと考えるであろう。このような場合には、株主と会社債権者の利害は必ずしも対立するとはいえない。

剰余金）は資本準備金に計上する（同条2項3項）。

準備金は、資本準備金・利益準備金を総称するものである（445条4項）。剰余金の配当をする場合には、資本金の額の4分の1に達するまで、当該剰余金の配当により減少する剰余金の額の10分の1を資本準備金または利益準備金として計上しなければならない（同項、計算規則22条）。準備金は、資本金とともに会社財産維持の機能を果たすが、資本金ほどその減少について厳格な手続は要求されない。

資本金の額は登記・貸借対照表によって公示・公開される（登記につき911条3項5号）。準備金の額は登記されないが、貸借対照表によって公開される。

このほか任意積立金がある。株主総会決議（一定の場合には取締役会決議）により、剰余金の処分として積み立てることができる（452条、459条1項3号）。また、定款の定めによる任意積立金の積立がある（計算規則153条2項）。

(2) 資本金の額の減少・増加

資本金の額の減少は一般に減資といわれるが、原則として株主総会の決議（原則として特別決議）と会社債権者異議手続（以下、本章において「異議手続」という）が必要である（447条1項、309条2項9号、449条）。株主総会の特別決議を必要とするのは、資本金の減少は、資本金が株主の払込財産から成っていることにかんがみ、会社の基礎的変更に該当すると考えられるためである。

定時株主総会で欠損填補をする場合は普通決議でよい（309条2項9号カッコ書）[7]。また、資本金の減少と同時に株式の発行をする場合で、合計して減資前に比べて資本金が減少しない場合は、株主総会決議は不要であり、取締役会設置会社は取締役会の決議で行うことができる（447条3項）。この場合に異議手続は必要である。

　減資は、経営再建の場面において、欠損填補によって将来の剰余金の配当を容易にし、減資の実施とともに新株を発行するために行われることが少なくない。資本金の減少額についての制限は設けられていない。ただし、効力発生日における資本金の額をマイナスにすることはできない（447条2項）。

　準備金の資本金への組入れは、分配可能額に影響するため、株主総会決議（普通決議）が必要である（448条1項2号）。減少する準備金の額の全部を資本金とする場合は、異議手続は不要である（449条1項柱書のカッコ書）。株主総会の普通決議により、剰余金を資本金に組み入れることができる（異議手続不要）（450条）。株主の意思を問うのは、分配可能額が減少することとなるからである。

　資本金の額の減少の無効は、訴えをもってのみ主張することができる（828条1項5号）。被告は会社である（834条5号）。提訴期間は減資の効力発生日から6カ月以内（828条1項5号）であり、提訴権者の制限がある（828条2項5号）。無効とする判

---

[7] 欠損とは、分配可能額がマイナスになる状況である。債務超過（純資産額がマイナス）とは異なる概念である。

決には対世効がある(838条)。遡及効はない(839条)。なお、準備金の額の減少については、無効の訴えの制度はない。

(3) 準備金の額の減少・増加

準備金の額は減少可能である(448条1項。資本金への組入れの場合は前述)。減少額に制限はないが、準備金の額をマイナスにはできない(同条2項)。

準備金の額の減少は、原則として株主総会決議(普通決議)[8]と異議手続が必要である(448条1項、449条)。ただし、減少する準備金の額の全部を資本金とする場合は、異議手続は不要である(前述)。また、欠損填補のために定時株主総会決議で準備金の額のみを減少する場合は、異議手続は不要である(449条1項柱書のただし書)[9]。会計監査人設置会社において一定の要件を満たす場合には、欠損填補のための準備金の額の減少は、定款で定めることにより、取締役会決議で可能である(459条1項2号)。

株主総会の普通決議により、剰余金を準備金に組み入れることができる(異議手続不要)(451条)。株主の意思を問うのは、分配可能額が減少することとなるからである。

---

[8] 448条3項の場合はこの例外であり、取締役会設置会社は取締役会決議でよい。

[9] 「会社法上、資本金と準備金に差異を設けるもっとも大きな意義は、このような場合(引用者注:449条1項柱書ただし書)には債権者保護手続を要することなくその額を減少させることができるという点にあるといえる。」(相澤哲=岩崎友彦「株式会社の計算等」(商事法務 No.1746、2005))。

6 剰余金の配当

(1) 剰余金の概念

　剰余金の処分は、配当などのように会社財産の流出を伴うもの[10]と別の項目に振り替えるもの（会社財産は流出しない）とがある。

　剰余金の配当の受領は、株主の重要な関心事の1つであり、その投資採算を図るうえでも中核的な要素である。一方、会社債権者の利益の保護も重要であり、ここに剰余金の配当の規制の意義がある。

　会社法は、剰余金の概念を規定し、また剰余金を要素とする分配可能額の概念を規定する。剰余金の額についての会社法・会社計算規則の規定は複雑であるが、最終事業年度の末日（期末）におけるその他資本剰余金とその他利益剰余金の合計額を基礎として、期末後の剰余金の配当、自己株式の処分・消却などを織り込んで算定する（446条、計算規則149条）。

10　剰余金の配当と自己株式の取得（いわゆる自社株買い）は、株主に対する財産の支払という点では同じであるが、前者はすべての株主に対する支払であるのに対し、後者はそれに応じて売却した株主がキャッシュを受け取るという点で違いがある。

(2) 剰余金の配当の手続

株式会社は、その株主に対して、剰余金の配当をすることができる（453条）[11]。ただし、自己株式に対して配当することはできない（同条カッコ書）。株式の種類・数に応じて、平等に配当財産を割り当てなければならない（454条1項～3項）。

剰余金の配当をするための要件は、①純資産額300万円以上、②分配可能額の範囲内であること、③準備金の計上（前述）である。多くの会社は、基準日を定めて（事業年度の末日、その6カ月後）、基準日現在の株主に配当（期末配当、中間配当）が帰属する旨を定款に定める。

剰余金の配当は、原則として、そのつど株主総会の決議（普通決議）を要する（454条1項）。配当財産の種類と帳簿価額の総額、株主に対する配当財産の割当てに関する事項、剰余金の配当の効力発生日を定める。定時株主総会に限らず、いつでも、臨時株主総会で決議することができる。会社法制定前は、利益の配当の回数は、通常の配当と中間配当との年2回に限られていたが、会社法では剰余金の配当の回数制限は撤廃され、四半期配当なども可能である。

---

[11] 分配可能額があるときは、必ず株主に剰余金の配当をしなければならないということではない。会社の成長スピードや先行きの資金需要の規模によっては、配当をせずに内部に資金を留保することが会社にとってファイナンスの観点から有利である場合が少なくない。配当を実施しなくても成長の見通しが株価に織り込まれることから、株主にとってもこのほうがよいということがありうる。どちらが株主にとって有利になるかは税制と当該株主の税制上の地位にも依存する（江頭670頁参照）。

金銭の配当に限らず、現物配当も可能である（454条4項）。たとえば、子会社株式を配当することが考えられる。ただし、当該会社の株式等（株式、社債、新株予約権。107条2項2号ホに定義）を配当することはできない（同条1項1号カッコ内）。現物配当の場合は、株主に金銭分配請求権を与えるかどうかという問題がある。金銭分配請求権とは、その配当財産にかえて金銭を交付することを会社に請求することができる権利である（同条4項1号）。金銭分配請求権を与えないときは株主総会の特別決議（309条2項10号）、与えるときは普通決議となる。剰余金の配当について内容の異なる複数の種類株式を発行しているときは、当該種類の株式の内容に応じて配当財産の割当てに関する事項を定める（454条2項）。

　株主総会決議の原則の例外として、①会計監査人設置会社でかつ監査役会設置会社のときに取締役の任期を1年以内と定めた場合[12]、②監査等委員会設置会社の場合（監査等委員でない取締役の任期が1年以内）、③指名委員会等設置会社の場合は、定款に定めを置くことにより、剰余金の配当を取締役会の権限とすることができる（459条1項)[13]。この場合、会計監査人の監査報告で無限定適正意見が表明されているなどの要件（計算規則155条）を充足する必要がある（459条2項)[14]。

---

[12] 取締役の任期を1年以内としているのは、取締役会の決定した配当方針に反対の株主が取締役の不再任というかたちで自己の意思を次の事業年度以降に反映させることを可能にするためである（弥永433頁）。

[13] 現物配当で、かつ、金銭分配請求権を与えないものについては取締役会の権限ではできない（459条1項4号ただし書）。

取締役会設置会社は、定款に定めを置くことにより、事業年度の途中で1回に限り取締役会決議で剰余金の配当（金銭配当に限る）をすることができる（454条5項）。これが中間配当である。剰余金の配当について取締役会の権限とする旨の定款の定めを置いていない会社でも、中間配当についての定款の定めをすることができる。中間配当については、株主総会ではなく、取締役会の権限である。

　株主総会（または取締役会）の決議が成立し、効力発生日に剰余金の配当が効力を生じると、確定額の配当金支払請求権（金銭配当の場合）が具体的に発生する。この権利は、独立して譲渡することができ、差押えなどの対象にもなる。

(3) 分配可能額

　剰余金の配当は、その効力発生日における分配可能額の範囲内で行わなければならない（461条1項）。分配可能額は、剰余金の額を出発点として、会社法・会社計算規則の定める方法により計算する（同条2項、計算規則156条〜158条）。分配可能額

14　剰余金の配当の決定権限を株式会社のどの機関に委ねるかは、なかなかむずかしい問題である。将来の自社の成長見通し・経営戦略を配当政策に織り込むことが必要であり、また株主の意向も一様ではないからである。米国では取締役会が決定する。わが国においても上場会社については、現状のように例外的に認めるというのではなく、原則として取締役会の権限とするという考え方もありうるであろう（上場会社の株主総会の実際をみれば、取締役会の提案を株主が受け入れているのが通例であり、事実上、取締役会の権限とされていることと大差はないが）。この問題につき、江頭674頁、伊藤＝大杉＝田中＝松井280頁参照。

の規制を満たしても、純資産額が300万円未満の場合は剰余金の配当をすることができない（458条）。

分配可能額の規制に違反して剰余金の配当が行われた場合は、会社は、株主に対してその返還を請求することができる（462条1項柱書）。株主の善意・悪意を問わない。ここで悪意とは、分配可能額を超えることを知っていることをいう。

多数の株主から返還させることは実際問題として困難であることから、違法配当を行った業務執行者（業務執行取締役・執行役など）や株主総会などに提案した取締役（および当該提案に係る取締役会決議に賛成した取締役）は、会社に対して連帯して支払義務を負う（462条1項柱書、同項6号、計算規則159条8号）。業務執行者などの責任は、立証責任の転換された過失責任である（462条2項）。分配可能額を超える部分は、総株主の同意があっても免除できない（同条3項）。会社債権者保護のためである。取締役などから株主に求償できるのは、株主が悪意の場合のみである（463条1項）。取締役などに株主の悪意の立証責任がある。この違法配当に関する取締役などの責任は、一般的な取締役などの任務懈怠責任とは別に規定されているものであり、重ねて任務懈怠責任を問われることもありうる。

会社債権者は、株主に対してその受領した違法配当額を支払うよう請求することができる（463条2項）。だれに払うかについて会社法は明文の規定を置いていないが、債権者に対して直接支払うよう請求しうるものと解される（江頭679頁、神田306頁）。株主の善意・悪意を問わない。この場合、当該債権者が

会社に対して有する債権額が請求しうる上限である。

(4) 事後の欠損填補責任

　分配可能額規制を守った場合でも、事後的な責任を負う場合がある。すなわち、剰余金の配当を行ったが、配当日の属する事業年度の計算書類を定時株主総会において承認する際に分配可能額がマイナス（欠損）になったときは、当該職務を行った取締役などは会社に対して欠損の額（ただし、会社が交付した額が限度）の支払義務を負う（465条1項10号）。これは、立証責任の転嫁された過失責任である（同項柱書のただし書）。この責任は、総株主の同意がなければ免除できない（同条2項)[15]。定時株主総会で剰余金の配当の決議をした場合などの一定の場合には、この責任は発生しない（同条1項10号イ）。

(5) 刑事責任

　取締役などが、法令・定款に違反して剰余金の配当をしたときは、刑事罰（5年以下の懲役もしくは500万円以下の罰金、または併科）の適用がある（963条5項2号）。

---

[15] 会社債権者保護の観点から、会社債権者の同意がなくとも全株主の同意があれば免除してよいかどうかという問題がある。この規定は平成17年改正前商法を引き継いだものであるが、「説明はできなくはないが、立法政策として妥当かどうか、再検討に値する」（神田308頁）とする見解がある（464条の責任についても同様の見解）。

第 8 章 定款の変更

(1) 定款変更の意義

定款は、株式会社の組織と活動、社員である株主の地位を定める株式会社の根本規則であり、会社の設立の過程で策定されるが、会社成立後にこれを変更する必要が生じる場合が少なくない[1]。たとえば、発行可能株式総数の変更、株式の譲渡制限に関する定めの新設・廃止、種類株式に関する定めの新設、会社の機関設計の変更である。

(2) 手　　続

定款の変更は、原則として株主総会の特別決議で可能である（466条、309条2項11号）。より厳格な要件が必要とされる場合

1　株式会社の根本規則である定款を会社成立後に株主総会の多数決によって変更できるかという議論がかつてはあった。英国の会社法は、基本定款（memorandum of association）と定款（articles of association）を区別するが、1862年法は、一定の事項を除き基本定款は変更できないという趣旨の規定を置いた（岡野敬次郎『会社法』（信山社、1929）516頁）。また、判例（1865年）は、定款変更による優先株の発行を許容しなかった。しかし、会社が状況変化に適応するためには柔軟性が必要であるという考え方になり、1897年の判例は定款変更による優先株の発行を認めた。現行の英国会社法（2006年法）では、基本定款の位置づけが変更され、その作成が必要であり設立時の登録の添付書類とされるものの、会社の基本規則としての役割は定款および第3章の適用のある特別決議などが担うこととされた。特別決議で定款の変更が可能と規定されている（21条）が、設立時の定款またはメンバー（株主）全員の同意によって、定款中の特定の条項について特別決議による変更を制限する旨の条項を設けることができる（22条。ただし、同条の一部と種類株式の条項との関係についての問題がある。Hannigan（第1章脚注2）p.84以下）。わが国では、旧商法（明治23年制定）において定款の変更を可能とする規定が置かれ、現在に至っている。

がある。たとえば、株式に譲渡制限の定めを設ける場合には、特殊の決議が必要とされる（309条3項1号）。発行する全部の株式を取得条項付株式とする定款の定めを新設し、または当該定款の定めを変更する場合（原則）は株主全員の同意を要する（110条）。

　一方、例外として取締役会決議などによる定款の変更がある。たとえば、株式分割の際の発行可能株式総数の増加の場合（2以上の種類の株式を現に発行している会社を除く）（184条2項）、単元株制度採用会社において、単元株式数の減少または単元株式数の定めの廃止の場合（195条1項）である。

　会社が複数の種類の株式を発行している場合に、一定の事項についての定款変更がある種類の株式の種類株主に損害を及ぼすおそれがあるときは、その種類株主による種類株主総会の承認決議を得ることが原則として必要である（322条1項1号）。

　定款変更に伴い、それに反対する株主に株式買取請求権が認められる場合がある（116条）。

(3) 効力・登記

　定款の変更は、株主総会の決議により当然に効力を生ずる。定款変更の効力発生日を定款変更決議で定めることができる（江頭834頁）。書面（または電磁的記録）としての定款を書き換えることは、定款変更の効力発生要件ではない。

　登記事項である定款の条項を変更する場合においては、変更登記をしなければならない（定款変更の効力発生要件ではない）。

この変更登記は、本店の所在地において2週間以内にすることを要する（915条1項）。

> **コラム** 流通市場で株式を買う一般株主の視点
>
> 新しく株主になった者は、その時点の定款の規定に従う。定款が変更されれば、その後に当該会社の株主になる者は変更後の定款の内容に拘束される。
>
> 会社の設立時においては、株主になる予定の者（発起人など）は定款の内容をよく読むはずである。また、株主総会に定款変更議案が提出された時点の株主も相応の関心を示すであろう。
>
> しかし、定款変更の後に上場株式を流通市場（証券取引所）で買う場合にはどうであろうか。一般の投資家の場合、定款の内容を読んでから株式を買うという者はほとんどいないであろう。標準的な内容の定款であることを前提として、特に注意を払わずに買っているものとみられる。
>
> このような現実がある一方で、機関設計が多様化し、種類株式を発行する会社も増えつつあるという状況になっている。また、各社のコーポレート・ガバナンスについての関心も高まりつつある。今後は、定款の内容が投資判断の要素の1つとして考慮される可能性がないとはいえない。
>
> 東証に上場している会社の定款については、東証上場会社情報サービスにアクセスすれば、基本情報の1つになっているので読むことができる（ただし、掲載していない会社がある）。といっても、掲載されているのは定款そのもの（PDF）なので、順を追って読んでいかなければならない。機関設計や種類株式の有無など、投資家の関心が高いと思われる事項については、その要点を簡単に知ることができるように工夫することが望ましい。関心のある投資家は、そこを参照することで当該会社の定款の個別性についての情報を得ることができるし、会社間の比較も容易になる。

第 9 章 解散・清算

(1) 解散・清算の意義

株式会社の法人格の消滅をもたらす原因となる事実を解散という。合併・破産手続開始決定の場合を除き、解散に続いて清算手続が行われる（475条1号）。合併の消滅会社の場合を除いて、会社の法人格は解散によって直ちに消滅するのではなく、清算手続の完了（条文上は「結了」という）によって消滅する[1]。清算は、解散の場合のほか、設立無効の訴えや株式移転無効の訴えにおいて請求を認容する判決が確定した場合にも開始される（同条2号3号）。

清算の目的は、会社のいっさいの権利義務を処理して、残余財産を株主に分配することにある。会社は事業を継続することはできず、事業の継続を前提とする制度は適用されない。清算中の会社（「清算株式会社」という）は、清算の目的の範囲内で権利能力を有し、清算の結了まで存続するものとみなされる（476条）。

清算には、通常清算と特別清算があるが、特別清算は倒産手続の1つであるので、本書では取り扱わない。なお、会社法の制定に際し、従前の会社の整理の制度は廃止された。

---

1 合併の消滅会社の場合は、合併の効力発生日に法人格が消滅する。

(2) 解　　散

a　解散事由

株式会社は、次の事由によって解散する（471条）。①定款で定めた存続期間の満了、②定款で定めた解散事由の発生、③株主総会の決議（特別決議）、④合併（消滅会社の場合）、⑤破産手続開始の決定、⑥解散命令（824条1項）[2]、⑦解散判決（833条1項）[3]である。

定款で存続期間・解散事由を定めたときは、それを登記することが必要である（911条3項4号）。

b　解散の効果

解散により、会社は、合併と破産手続開始決定（破産手続のなかで清算が行われる）の場合を除き、清算手続に入る（475条1号）。

会社はいったん解散しても、清算が結了するまでの間は、上記a①〜③の事由に該当する場合には、株主総会の決議（特別決議）により、再び解散前の状態に復帰することができる（473

---

[2] 一定の場合（824条1項各号）において、公益を確保するため会社の存立を許すことができないと認めるときは、裁判所は、法務大臣または株主、債権者その他の利害関係人の申立てにより、会社の解散を命ずることができる。

[3] 一定の場合において、やむをえない事由があるときは、株主（総株主の議決権の10％以上または発行済株式数の10％以上。いずれも定款で引下げ可）は、株式会社を被告として、解散の訴えを提起することができる（833条1項、834条1項20号）。裁判例（1989年、判例百選94事件、商法判例集Ⅰ－160）。

条)。休眠会社のみなし解散（後述）の場合についても、3年以内であれば、株主総会の特別決議により復帰が可能である（同条）。これを株式会社の継続という。これによって会社は将来に向かって解散前の状態に復帰し、清算以外の目的についても権利能力を回復する。この場合には、株主総会決議から2週間以内に会社の継続の登記を要する（927条）。

c 解散決議

株主総会は、特別決議で会社の解散を決定することができる（471条3号、309条2項11号）。事業の全部を譲渡した場合においても、会社は当然には解散せず、解散するためにはその旨の株主総会決議が必要である。

業種によっては、解散の株主総会決議について主務大臣の認可が必要である（たとえば、銀行法37条1項3号、保険業法153条1項1号）。また、事業の免許を取り消されたときは、解散する（たとえば、銀行法40条、保険業法152条3項2号）。

d 休眠会社のみなし解散

471条の解散事由にはあげられていないが、休眠会社のみなし解散の制度がある。休眠会社とは、12年間1度も登記をしていない会社である（472条）。事業活動を行っている会社であれば、通常は少なくとも10年に1度は取締役を選任し、その旨の登記が行われるはずである。

このような会社については、法務大臣が、事業を廃止していない旨を登記所に届け出るよう官報で公告し（472条1項）、公告の後に登記所から会社に通知する（同条2項）。この届出を

し、またはなんらかの登記をすればよいが、いずれもせずに放置した場合には、公告の日から2カ月経過した日にその会社は解散したものとみなされる（同条1項）。解散したものとみなされた会社は、前述のように、その後3年間は株主総会で会社継続の決議をすることができる（473条）。

(3) 清　　算

a　清算の開始

　会社が解散すると、合併または破産手続開始決定の場合を除き、清算の手続が開始される。清算株式会社は清算の目的の範囲内で権利能力を有する（476条）。清算人が清算の目的の範囲外の行為をしたときは、その効果は会社に帰属しない。

　会社が清算手続に入っても、清算株式会社の株式の譲渡が特に制限されることはない。

b　清算株式会社の機関

① 清　算　人

　清算株式会社には、株主総会以外の機関の設置に関する規定（326条〜328条）は適用されず（477条7項）、かわって477条が適用される。

　清算の段階に入ると、取締役は地位を失い、清算人がこれにかわる。清算株式会社には1人または複数の清算人を置かなければならない（477条1項）。解散時の取締役がそのまま清算人になるのが原則である（478条1項1号）が、定款または株主総会の決議で別の者を清算人に選任することができる（同項2号

3号)。清算人になる者がいないときは、利害関係人の申立てにより裁判所が清算人を選任する(同条2項)。清算人の任期は法定されていない。定款・株主総会の決議で任期を定めていればそれによるが、そうでない場合は清算の結了まで在任するのが通常であろう。

　清算人は、裁判所が選任したものを除き、株主総会の普通決議でいつでも解任することができる(479条1項)。重要な事由があるときは、株主(総株主の議決権の3％以上または発行済株式数の3％以上。株式保有期間6カ月以上。いずれも定款で引下げ可)は裁判所に解任を請求することができる(同条2項)。非公開会社の場合は、株式の保有期間要件はない(同条3項)。

② その他の機関

　清算株式会社の株主総会、監査役はそのまま継続する。

　定款の定めにより、清算人会・監査役(会)を置くことができ、また一定の場合には清算人会を置かなければならない(477条2項3項)。清算株式会社となった時点で公開会社または大会社であった会社は、監査役を置かなければならない(477条4項)。

　会計参与・会計監査人は、会社の解散時にその地位を失う。清算株式会社が公開会社または大会社であった場合であって、監査等委員会設置会社・指名委員会等設置会社のときは、監査等委員(取締役)・監査委員(取締役)は、監査役になる(477条5項6項)。

c 清算手続

　清算人(清算人会設置会社では代表清算人など)は、その就任後遅滞なく、会社財産の現況を調査し、清算株式会社となった日における財産目録および貸借対照表(「財産目録等」という)を作成する(492条1項)。清算人会設置会社においては、財産目録等について清算人会の承認が必要である(同条2項)。清算人は、財産目録等を株主総会に提出(提供)して、その承認を受けなければならない(同条3項)。

　清算人はすみやかに現務を結了し、債権を取り立て、金銭以外の財産を換価し、そして債務の弁済[4]をする。その結果、残った財産(残余財産)があれば、株主に原則として持株数に応じて分配する(504条~506条)。残余財産の分配は債務の弁済をした後でなければ行うことができないが、債務の存否・額について争いのある場合は、その弁済に必要な財産を留保して残余財産を分配することができる(502条)。残余財産の分配に際しては、金銭のかわりに現物を交付することもできるが、その場合には株主に金銭分配請求権を与えなければならない(505条1項)。

---

[4] 清算株式会社は、清算の開始原因が生じた場合には、遅滞なく、会社債権者に対して一定期間内に債権の申出をすべきことを官報に公告し、かつ、知れている債権者に対しては各別に催告しなければならない(499条1項)。この期間は、2カ月以上であることを要する。公告には、期間内に申出をしないと清算から除斥される旨を付記しなければならない(同条2項)。

d　決算報告

　清算株式会社は、清算事務が終了したときは、遅滞なく、決算報告を作成し、株主総会の承認を受けなければならない（507条1項3項、施行規則150条）。清算人会がある場合には、事前にその承認が必要である（同条2項）。株主総会の承認があった場合には、職務執行に関し不正行為のあった場合を除き、清算人の任務懈怠による責任は免除されたものとみなされる（同条4項）。

e　清算の結了・登記・帳簿資料の保存

　清算事務の終了と株主総会の承認により、清算は結了し、会社の法人格は消滅する。株主総会の承認の日から2週間以内に清算結了の登記をしなければならない。この登記は、設立の登記とは異なり、すでに効力が生じた事項（法人格の消滅）を公示するものである（929条1号）。

　清算人（清算人会設置会社では代表清算人など）は、清算結了の登記の日から10年間、清算株式会社の帳簿および清算に関する重要な資料を保存しなければならない（508条1項）。

第 10 章　組織再編等

1 組織再編等の意義

　組織再編は、一般に合併、会社分割、株式交換および株式移転をいう。広義には、これらに加えて組織変更や事業の譲渡等を含めることがある。平成26年改正で新設された特別支配株主の株式等売渡請求（キャッシュ・アウト）の制度は、企業再編や企業買収に関連して用いられる場合が多いものと思われる。本章では、組織再編に加えて、事業の譲渡等、組織変更および特別支配株主の株式等売渡請求について述べる。

　商法の時代には、ながらく合併を除いてほとんど組織再編に関する法改正がなかったが、バブル崩壊の過程で企業再編のニーズが高まり、株式交換・株式移転制度の新設（平成11年改正）、会社分割制度の新設（平成12年改正）によって組織再編の手法が多様化した。会社法は、これらの制度を引き継いでいる。

　会社法は、従来の制度をまとめ直して包括的・横断的に規制している。合併、会社分割、株式交換および株式移転については、吸収型再編（既存の会社間におけるもの。承継型再編ともいう）と新設型再編（会社の新設を伴うもの）に大別される。

　組織再編の手続は共通する部分が多い。合併の箇所で一通り述べ、他の再編行為については特徴的な点を中心に述べる。

2　事業の譲渡等

(1) 意　　義

　事業の譲渡は、会社の事業の全部または重要な一部を譲渡することである。従前は「営業譲渡」といわれたが、会社法で用語が改められた。事業の全部を譲渡しても会社は解散するわけではないので、そこから新しい事業を開始することも可能である。ある部門を他社に譲渡するために用いるのが一般的とみられるが、特定の事業部門を新設の子会社に譲渡して分社化したり、合弁事業を立ち上げるために用いることができる。

　会社法は、このほかの若干の取引とあわせて「事業の譲渡等」として規定を置いている（467条以下）。事業を行うために組織化され、有機的一体として機能する財産を譲渡する場合には、単なる財産の譲渡とは異なる意味をもっており、会社関係者の保護の必要性から特別の規制が必要となる。

　平成26年改正において、子会社の株式・持分の全部または一部の譲渡（一定規模以上などの要件に該当するもの）が新たに規定された（467条1項2号の2）。467条1項に規定するもののうち1号から4号までの行為を「事業譲渡等」という（468条1項）。467条1項5号は、事後設立といわれるものである。

(2) 事業譲渡等の手続

 譲渡会社・譲受会社それぞれにおいて所定の手続が必要である。事業譲渡等には、会社債権者異議手続は設けられていない。事業譲渡等の場合には、譲渡会社は債権者の承諾を得て譲受会社に免責的債務引受けをさせない限り、譲渡会社は債務を免れないからである。

 事業の全部または重要な一部を譲渡する場合は、譲渡会社において株主総会の特別決議が必要である(467条1項柱書、309条2項12号)。例外として、①譲受会社が譲渡会社の特別支配会社である場合は譲渡会社において総会決議不要である(略式手続、468条1項)。特別支配会社とは、ある会社が他の会社の議決権の90％以上を有している場合の、議決権を保有している側の会社のことである(間接的支配の場合を含む)(施行規則136条)。この場合には、被支配会社において株主総会を開催したとしても結果はおのずから明らかであるため、株主総会決議は不要とされる。また、②事業の一部譲渡であっても譲り渡す資産の帳簿価額がその会社の総資産額の5分の1(定款で引下げ可)以下のときは譲渡会社の基礎的変更に該当しないとされ、事業譲渡等に関する規定は適用されない(467条1項2号カッコ書)。

 事業の全部を譲り受ける場合には、譲受会社において株主総会の特別決議が必要である。この場合の譲受会社は、吸収合併の存続会社に近い立場に立つことによるものである。例外とし

て、①譲渡会社が譲受会社の特別支配会社であるとき（略式手続）、②譲受会社の支払う対価の額が純資産額の５分の１以下の場合（簡易手続）は、総会決議不要である（468条２項）。ただし、②（簡易手続）の場合においては株主に通知・公告が必要であり、株主の反対通知（通知・公告の日から２週間以内）が一定数（施行規則138条）に達した場合には、株主総会の決議が必要になる（468条３項）。

　事業譲渡等に反対する株主（一定の要件を満たすもの）は、自己の有する株式を公正な価格で買い取るよう会社に請求することができる（469条１項）。反対株主の投下資本回収のための制度である。

　手続的には概略以上のとおりであるが、そもそも株主総会の特別決議を必要とする事業譲渡とは何かについて、法律上、特に定義は置かれていない。最高裁は、「一定の営業目的のため組織化され、有機的一体として機能する財産（得意先関係等の経済的価値のある事実関係を含む。）の全部または一部を譲渡し、これによって、譲渡会社がその財産によって営んでいた営業的活動の全部または一部を譲受人に受け継がせ、譲渡会社がその譲渡の限度に応じ法律上当然に同法25条に定める競業避止義務を負う結果を伴うものをいうものと解するのが相当である。」と判示した（1965年、判例百選87事件、商法判例集Ⅰ－159）[1]。

---

[1] 競業避止義務を負うことは不可欠の要件ではない、個別の財産であってもきわめて重要な財産の場合は「事業の一部」に当たる、とする少数意見がある。

学説は分かれているが、判例の結論を支持しつつも、競業避止義務を負うことは事業の譲渡の要件ではないとする見解がある。

(3) 事後設立

株式会社の設立後2年以内は、会社成立前から存在する財産で事業のために継続的に使用する財産を取得する場合に、株主総会の特別決議を要する（467条1項5号）。ただし、その対価が純資産額の5分の1（定款で引下げ可）以下の場合を除く。変態設立事項に関する規制を逃れようとする動きに対応するものである。事後設立においては、反対株主の株式買取請求権はない。また、検査役の調査は不要である（一問一答159頁）。

(4) 個別財産の移転手続

事業譲渡の場合には、当該事業に属する個々の財産について個別の移転手続（第三者対抗要件を備えることを含む）が必要である。事業譲渡は、1つの契約（対象事業の移転を目的とする契約）により一体的に合意することができるが、その契約に基づく各個財産の移転は、合併の場合と異なり個別承継の方法による（大隅＝今井＝小林437頁）。

3 合併

(1) 意　義

　会社の合併とは、2以上の会社が契約によって1つの会社になることである。合併は、企業規模の拡大やスケールメリット発揮によるコストダウンを目指すものが多いが、それ以外にも経営不振会社の救済の手段や企業グループ内の事業再編の手段などとして用いられる。

　合併には吸収合併と新設合併がある。吸収合併においては、合併によって消滅する会社（消滅会社）と存続する会社（存続会社）があり、消滅会社の権利義務のすべてが、法定の例外（新株予約権など）を除き合併の効力発生日に存続会社に承継される（750条1項）[2]。これを包括承継（または一般承継）という。消滅会社の権利義務は、法律上当然に（なんらの手続を要せずに）存続会社に移転する。

　新設合併においては、新しく設立される会社がその成立の日に消滅会社の権利義務のすべてを承継し（754条1項）、当事会社はすべて消滅する[3]。

　合併においては、一般の会社の解散の場合とは異なり、清算

---

[2]　吸収合併の場合の当事会社の法文上の表現は、749条、751条参照。
[3]　新設合併の場合の当事会社の法文上の表現は、753条、755条参照。

の手続は行われない（475条1号、471条4号）。既存の許認可関係を維持できないなどの問題があり、新設合併の方法は実際にはほとんど利用されないようである。

会社法は、「会社は、他の会社と合併をすることができる。この場合においては、合併をする会社は、合併契約を締結しなければならない。」と規定する（748条）。ここで会社の類型・種類を特に限定していないので、株式会社と持分会社（合名会社・合資会社・合同会社）との合併が可能である。存続会社や新設会社は、株式会社でも持分会社でもよい。以下では、株式会社を当事会社とし、存続会社・新設会社が株式会社である合併について述べる。

(2) 合併の対価

合併に際し、消滅会社の株主に対しては合併の対価が交付される。吸収合併の場合には、存続会社の株式に限らず、金銭等（金銭その他の財産。151条1項に定義）を交付することができる（749条1項2号）。会社法制定前は、合併の対価は存続会社の株式に限定されていた（対価の一部を合併交付金として金銭で支払うことは可能）が、会社法のもとでは株式に限定されない。一般に対価の柔軟化といわれる。

一方、新設合併の場合は、設立される会社の株式を交付する（753条1項6号7号）。新設合併の場合は、消滅会社の株主にいっさい新設会社の株式が交付されないことは予定されていない。もっとも、株式に加えて社債・新株予約権・新株予約権付

社債を交付することは可能である（同項8号）。

このように、吸収合併の場合には株式以外の対価も認められ、存続会社の親会社の株式[4]や金銭を対価として交付する場合がありうる。存続会社の親会社の株式を交付する方法を一般に三角合併という。親会社が自己株式を活用するかたちでの合併も可能になる。クロスボーダーの買収、すなわち親会社が外国の会社の場合で三角合併の仕組みが利用されることも考えられる。

また、金銭のみを合併の対価とすることもできるので、いわゆるキャッシュアウト・マージャー（交付金合併）が可能である。存続会社にとっては、消滅会社の既存株主の存在が合併後の議決権に与える影響を回避することができる。

(3) 合併の手続

a 条文の構成・手続の順序

会社法は、実体規定と手続規定を分けて規定する。第5編第2章で合併契約の締結などについて規定し、同第5章で合併・会社分割・株式交換・株式移転の手続を横断的に規定する。吸収合併等（吸収合併、吸収分割または株式交換）、新設合併等（新設合併、新設分割または株式移転）などの用語が用いられ（782条1項、804条4項）、吸収型の場合と新設型の場合に分けてそれぞれ一括りにして規定されている。

---

[4] 消滅会社の株主に交付する株式数の範囲内で親会社の株式を取得し、合併の効力発生日までに保有することができる（800条1項2項）。

合併契約承認の株主総会決議、反対株主の買取請求、会社債権者異議手続は、合併の効力発生日の前日までに終了しておかなければならない。

b 合併契約の締結

合併契約で定めるべき内容は法定されている。吸収合併契約について述べると、存続会社・消滅会社の商号・住所、消滅会社の株主に交付される対価の種類・総額等、割当てに関する事項、合併の効力発生日などを記載する（749条1項2項）。消滅会社が新株予約権を発行しているときは、その新株予約権は合併の効力発生日に消滅する（750条4項）ので、そのかわりに存続会社の新株予約権を交付するか、あるいは金銭を交付するかを合併契約で定める（749条1項4号5号）。また、合併契約には、法定記載事項以外の事項が記載されるのが通例である。

吸収合併・新設合併のいずれの場合についても、合併対価の割当ての比率（合併比率）が重要である。これは、当事会社の企業価値の評価の問題である。

c 事前の開示

各当事会社は、合併契約の内容や合併対価の内容の相当性に関する事項などを記載した書面（または電磁的記録）を本店に備え置かなければならない（782条1項、794条1項、803条1項）。株主・会社債権者は、閲覧・謄本（または抄本）の交付の請求ができる。株主にとっては株主総会への準備、会社債権者にとっては異議を述べるかどうかの判断材料になる。また、株主が差止請求を行うかどうかの判断材料にもなる。開示期間

は、株主総会の2週間前などの一定の日（備置開始日）から効力発生日後6カ月が経過する日まで（消滅会社は効力発生日・新設会社成立の日まで）である。

d 株主総会による承認
① 吸収合併の場合

　吸収合併の場合、各当事会社は合併契約で定めた効力発生日の前日までに株主総会の特別決議によって合併契約を承認することが必要である（783条1項、795条1項、309条2項12号）。ただし、消滅会社が公開会社であって、かつ、合併対価の全部または一部が譲渡制限株式その他これに準ずるもの（譲渡制限株式等、783条3項に定義）である場合（施行規則186条）は、消滅会社の株主総会において特殊の決議が必要である（309条3項2号）。以下の場合は、存続会社の取締役は株主総会でその旨（(iii)の場合は自己株式に関する事項）を説明しなければならない。(i)承継債務額が承継資産額を超える場合、(ii)存続会社に合併差損が生ずる場合、(iii)承継資産に存続会社の株式が含まれる場合である（795条2項3項、施行規則195条）。

　株主総会決議が不要となるのは、以下の場合である。

　存続会社が消滅会社の特別支配会社である場合、消滅会社において総会決議は不要である（略式手続、784条1項本文）。ただし、合併対価の全部または一部が譲渡制限株式等である場合で、消滅会社が公開会社であり、かつ、種類株式発行会社でないときは、総会決議の省略はできない（同項ただし書）。総会手続の省略に不満のある株主（特別支配会社を除く）に株式買取

請求権が認められる（785条）。

消滅会社が存続会社の特別支配会社の場合、存続会社において株主総会決議は不要である（略式手続、796条1項本文）が、一定の場合には総会決議の省略はできない（796条1項ただし書）。総会手続の省略に不満のある株主（特別支配会社を除く）に株式買取請求権が認められる（797条）。

また、合併対価の額が存続会社の純資産額の5分の1（定款で引下げ可）以下の場合は、存続会社において総会決議は不要である（簡易手続、796条2項）。この比率は、会社法制定前は5％であったが、会社法で20％となった。存続会社への影響が小さく、会社の基礎的変更とまではいえないというものである。ただし、合併差損が生ずる場合など、一定の場合には総会決議の省略はできない（同項ただし書）。また、一定数（施行規則で定める）の株主が通知・公告の日から2週間以内に存続会社に反対の意思を通知した場合には、存続会社は株主総会決議を省略することはできない（同条3項、施行規則197条）。なお、ことの性質上、消滅会社については簡易手続は存在しない。

② 新設合併の場合

消滅会社において、株主総会の特別決議による承認が必要である（804条1項）。消滅会社が公開会社であって、かつ、合併対価の全部または一部が譲渡制限株式等の場合は、特殊の決議が必要である（309条3項3号）。

e 反対株主の株式買取請求権

吸収合併の場合について述べると、合併に反対する株主は、

自己の有する株式を公正な価格で買い取るよう会社に請求することができる（785条1項、797条1項）。ここで反対株主とは、株主総会に先立って反対の旨を会社に通知し、かつ、当該総会で反対した株主などである（785条2項、797条2項）。簡易手続の場合の存続会社の株主には、原則として買取請求権はなく、略式手続における特別支配会社についても買取請求権はない。

買取請求権の行使期間は、合併の効力発生日の20日前から効力発生日の前日までである（785条5項、797条5項）[5]。反対株主が買取請求権を行使したときは、会社の承諾がなければこれを撤回することができない（785条7項、797条7項）。振替株式の場合、反対株主は、買取請求をしようとするときは、発行会社の開設する買取口座を振替先口座とする振替の申請をしなければならない（振替法155条3項）。この申請をしないで行われた買取請求は、無効となる（一問一答（2014）285頁）。

買取価格は会社と当該株主の協議による（786条1項、798条1項）。効力発生日から30日以内に協議が調わないときは、当事者はその後30日以内に裁判所に対して価格の決定の申立てをすることができる（786条2項、798条2項）。裁判所の価格決定は、非訟事件の手続によって行われる。

買取価格について、会社法は従前の規定から文言を改め「公正な価格」とした（「決議ナカリセバ其ノ有スベカリシ公正ナル価格」からの変更）。合併によって企業価値が増加する場合には、

---

[5] 新設合併の場合は、合併の通知・公告日から20日以内（806条5項）。

合併によるシナジー効果（相乗効果）をも反映した価格とする趣旨であると解される（2012年、商法判例集Ⅰ－165）[6]。合併で企業価値が毀損される場合・増加しない場合は、合併がなかった場合と経済的に同等の価値となり、反対株主はこの価格で退出することができることになる（2011年、商法判例集Ⅰ－163）。

平成26年改正で、いわゆる仮払いの制度、すなわち裁判所の決定の前に会社は自らが公正と認める価格での支払を行うことができるという制度が新設された（786条5項、798条5項）。利息負担の軽減や株式買取請求の濫用防止のためのものである（一問一答（2014）301頁）。仮払いの制度は、事業譲渡等、会社分割、株式交換・株式移転などの場合においても同様である。

株式価格買取請求に係る株式の買取りは、合併の効力発生日にその効力を生ずる（786条6項、798条6項）。新設合併の場合は、新設会社成立の日に効力を生ずる（807条6項）。

f 新株予約権の買取請求

消滅会社の新株予約権者について、新株予約権の発行要項に定めがある場合で当該合併がそれに合致するときは、その定めにより、そうでない場合は公正な価格での新株予約権の買取請求が認められている（787条1項1号。買取価格の決定などについて788条。新設合併の場合につき、808条・809条）。

---

[6] どの時点の価格とすべきか（価格決定の算定基準時はいつか）について、判例は買取請求の日とする（商法判例集Ⅰ－163ほか）。公正価格決定の方法やそれをめぐる問題点について、伊藤＝大杉＝田中＝松井406頁以下参照。

g 会社債権者異議手続

　会社債権者にとっては、合併の相手方の経営状態・財務内容が重大な関心事である。消滅会社の債権者は、合併によってその引当となる会社財産の状況が変わる。存続会社の債権者は、消滅会社の権利義務の承継、合併対価の交付などの影響を受ける。

　各当事会社は、債権者に対して、合併する旨や他の当事会社の商号・住所、異議を述べうる期間（1カ月以上）などを官報に公告し、かつ、知れている債権者には各別に催告しなければならない（789条、799条、810条）。ただし、官報公告に加えて、日刊新聞紙による公告または電子公告をした場合は、各別の催告は不要となる。会社分割の場合と異なり、不法行為債権者に対しての各別の催告は不要である。

　期間内に異議を述べなかった債権者は、合併を承認したものとみなされる（789条4項ほか）。異議を述べた債権者には、弁済・担保提供・弁済用財産の信託のいずれかをしなければならない（同条5項ほか）。合併をしても債権者を害するおそれがないときは、このような行為をとらなくてよい。害するおそれがないことの立証責任は、会社が負うと解される。会社債権者異議手続は、合併の効力発生日（新設合併の場合は新設会社の成立の日）より前に終了させなければならない（始期は限定されていない）（750条6項、922条1項1号ホ）。

h 効力の発生・登記

　吸収合併の効力は、合併契約に定められた効力発生日に生じ

る(750条1項)。しかし、消滅会社の解散は、解散登記の後でなければ第三者に対抗することができない(同条2項)。合併の効力発生日と登記とのタイムラグから、合併の効力が生じても、なお消滅会社については従前の登記があるという状態が生じうるので、この規定が置かれている。合併に係る登記は、効力発生日から2週間以内にしなければならない(921条)。消滅会社については解散登記、存続会社については変更登記である。

新設合併の場合は、新設会社の成立の日(設立登記の日)に合併の効力が生じる(754条1項。登記について922条)。

i 事後の開示

吸収合併の存続会社または新設合併の新設会社は、合併の効力発生日(新設会社の成立の日)後遅滞なく、施行規則で定める事項を記載した書面などを作成し、6カ月間、本店において開示しなければならず、株主・会社債権者は閲覧・謄本(または抄本)の交付の請求ができる(801条1項3項4項、815条1項3項4項)。事後開示では、反対株主の買取請求手続の経過、会社債権者異議手続の経過なども開示される。株主・会社債権者が合併無効の訴えを起こすかどうかの判断材料を提供する趣旨である。

(4) 合併の差止め・無効

a 差止め

平成26年改正において、組織再編行為(合併、会社分割、株

式交換・株式移転)の差止請求の制度が導入された(一問一答(2014) 307頁参照)。全部取得条項付種類株式の取得、株式併合、特別支配株主の株式等売渡請求についても同様である。

吸収合併の場合、①当該合併が法令・定款に違反する場合、②略式合併において対価が著しく不当であるときのいずれかの場合で、株主が不利益を受けるおそれがあるときである(784条の2、796条の2)。②は、平成26年改正前の制度を引き継ぐものである。ただし、原則として簡易手続における存続会社の株主を除く(796条の2柱書のただし書)。

新設合併の場合において、法令・定款に違反する場合で株主が不利益を受けるおそれがあるときは、消滅会社に対して差止めを請求することができる(805条の2)。

b 無　　効

合併の無効は訴えをもってのみ主張することができる(828条1項7号8号)。法的安定性の確保と法律関係の画一的処理のためである。合併の無効原因について会社法に明文の規定はない。合併契約の承認決議が必要なのに株主総会が開催されなかった場合、事前開示が行われなかった場合、適法な会社債権者異議手続が行われなかった場合などが考えられる[7]。

訴えを提起できる者は株主・役員・合併を承認しなかった債権者など一定の範囲に限られ、提訴期間は効力発生日から6カ月以内である。株主総会決議の取消事由に基づくときは、提訴期間は決議後3カ月以内に限られる(831条1項参照)。被告は存続会社または新設会社である(834条7号8号)。

合併を無効とする判決は、第三者に対しても効力が及ぶ（対世効。838条）。無効判決の効果は、将来に向かってのみ効力を有する（遡及しない。839条）。存続会社または新設会社は、無効判決により、将来に向かっていわば分割されることになる。すなわち、消滅会社は復活し、新設会社は解散する[8]。

c　無効の登記

合併の無効の訴えの請求認容判決が確定すれば、その旨の登記をする（937条3項2号3号。裁判所書記官の嘱託による）。吸収合併の場合は、存続会社について変更登記、消滅会社について回復の登記をし、新設合併の場合は、新設会社について解散の登記、消滅会社について回復の登記をする。

---

[7] 合併比率の著しい不公正を無効事由にできるかという問題がある。裁判例には、反対株主の株式買取請求権の制度があるので無効原因とならないとするものがある（1990年、判例百選90事件、商法判例集Ⅰ－168）が、この判例法理は疑問であるとする見解がある（神田370頁）。買取請求権を行使すれば株主の地位を失うので株主としてとどまりつつ不利益の是正を望む者の救済策を考えるべきであるとし、株式買取請求権と同時に主張することを認める（どちらか一方を予備的に主張する）という見解もある（龍田472頁）。大隅＝今井＝小林476頁も基本的に同旨。私見では、合併比率は合併の根幹的な事項であること、株式買取請求権の制度では補償できない面があることなどから、無効を主張する機会を否定すべきでないと考える。

[8] 各当事会社が合併の当時有していた財産で無効判決確定時に現存するものは、元の会社に復帰することになる。合併後に取得した財産、あるいは負担した債務の処理については、843条の定めるところであるが、原則として、対外的には、債務は当事会社が連帯して負担し、財産は当事会社の共有とされる。対内的な負担割合や共有持分は、当事会社の協議に委ねられる。協議不調の場合は、当事会社の申立てにより裁判所が合併時における各会社の財産の額その他いっさいの事情を考慮してこれを決定する（同条4項）。

4　会社分割

(1) 意　義

　会社分割は、事業の売却（買収）、グループ内の再編、他社との事業提携などの手段として広く用いられている。平成12年商法改正で設けられた制度であるが、会社法はこれを引き継ぐとともにいくつかの改正を行った。

　会社分割とは、会社の事業に関して有する権利義務の全部または一部を、既存の会社に承継させ（吸収分割）、または新たに設立する会社に承継させる（新設分割）ことをいう（2条29号30号）。複数の会社が共同で新設分割をすることも可能である（共同新設分割）。吸収分割をする会社（事業を切り出す会社）を「吸収分割会社」、その権利義務を承継する会社（事業の受け手となる会社）を「吸収分割承継会社」という。一方、新設分割の場合は、新設分割をする会社を「新設分割会社」といい、その権利義務を承継する会社を「新設分割設立会社」という。以下、適宜、吸収分割会社または新設分割会社を「分割会社」、吸収分割承継会社を「承継会社」、新設分割設立会社を「新設会社」という（法文上の表現は757条、758条、763条ほか参照）。

　会社分割を行うことができるのは、株式会社と合同会社であ

る（757条、762条1項）。無限責任社員の存在する会社（合名会社、合資会社）の債務が株式会社・合同会社に承継されると、債権者に不利益を与えるからである。一方、事業の受け手の側では、株式会社のほかに持分会社も承継会社や新設会社になることができる（758条、760条、763条、765条）。以下では、当事会社が株式会社のみの場合について述べる。

　会社分割により承継される権利義務は、吸収分割契約・新設分割計画において定められる。分割の対象・規模を任意に設定できるため、実情に応じた柔軟な対応が可能である。図表10－1は、吸収分割のイメージを示したものである。A会社はQ部門を分割によって切り出し、かわりに対価を得る。B会社はQ部門を承継して事業を多角化する。仮に、A会社において、Q部門は採算部門、P部門は不採算部門であるとすると、A会社は脆弱化することになる。分割の対価として何を得るかにもよるが、残存する債権者は不利になる可能性がある。このため、

図表10－1　会社分割（吸収分割の場合）

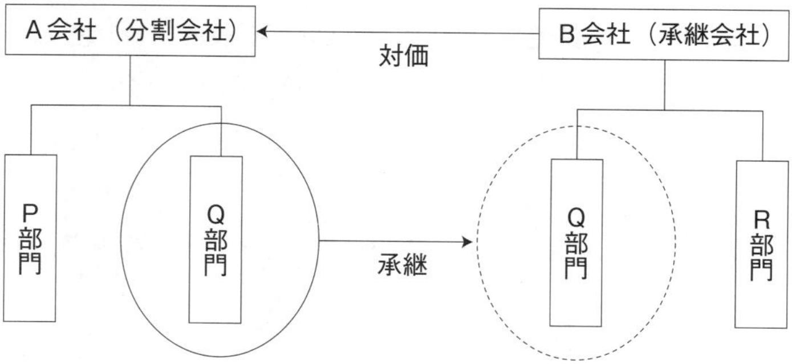

後述のように一定の手続をとることが要請される。

(2) 会社分割の効果

　分割会社は、分割後も従前のまま存続する（合併の場合に消滅会社が解散するのとは異なる）。吸収分割の場合は、承継会社の金銭等（金銭その他の財産）が分割会社に交付される（758条4号）。対価として親会社株式を交付することも可能である（800条1項参照）。新設分割の場合は、分割会社は新設会社の株主になる（763条1項6号）。対価として新設会社の社債等（社債、新株予約権。746条7号ニに定義）を交付するとき（763条1項8号）は、新設分割計画にそれについて記載する。

　会社分割と同時に、または分割の後に、分割会社は交付された株式を現物配当などにより自らの株主に交付することができる。会社法の制定前は、物的分割・人的分割という概念上の区分があり、前者は分割会社が対価を受け取るもの、後者は分割会社の株主が対価を受け取るものであった。会社法のもとでは、従前の人的分割に相当する場合は、対価はいったん分割会社に帰属し、全部取得条項付種類株式の取得対価または剰余金の配当として、分割会社の株主に承継会社・新設会社の株式が交付される（758条8号イ・ロ）。従前の人的分割は、物的分割の一類型として位置づけられている。

　会社分割の対象となる権利義務は、吸収分割契約または新設分割計画に記載される。債務は、原則として債権者の個別の承諾を要せずに免責的に承継会社・新設会社に移転する。この点

が会社分割の最も特徴的な点の1つであり、債権者の利益保護は会社債権者異議手続によって図られる。資産の移転については、第三者対抗要件の具備が必要である。

会社分割の効力は、吸収分割の場合は吸収分割契約に定める効力発生日（759条1項）、新設分割の場合は新設会社の成立の日（設立登記の日）に生ずる（764条1項）。

(3) 会社分割の手続

手続の概略は以下のとおりである。

①吸収分割契約（757条、758条）または新設分割計画（762条、763条）の作成（共同新設分割の場合は共同で作成）、②事前の開示、③吸収分割の場合は各当事会社における株主総会の特別決議による承認（略式手続・簡易手続の場合は例外）、新設分割の場合は分割会社の株主総会の特別決議による承認（簡易手続の場合は例外）、④原則として反対株主・一定の新株予約権者に買取請求権、⑤会社債権者異議手続、⑥効力の発生、⑦登記、⑧事後の開示（効力発生日または新設会社成立の日後遅滞なく）。なお、一定の株式数（施行規則で定める）を有する株主が分割に反対する旨を承継会社に通知したときは簡易手続をとることはできず、承継会社の株主総会決議が必要になる（796条3項、施行規則197条）。

a 契約・計画の記載事項

吸収分割契約・新設分割計画で定めるべき事項は法定されている（758条、763条）。

会社分割により承継する資産、債務、雇用契約その他の権利義務に関する事項を記載する（758条2号、763条1項5号）。これにより、承継会社にどのような権利義務を承継させるかが定められる。また、承継する権利義務の対価に関する事項についての記載を要する。

　会社分割に際して効力発生日（または新設会社の成立の日）に剰余金の配当（配当財産が承継会社・新設会社の株式のみであるものに限る）をする場合は、その旨を吸収分割契約または新設分割計画に記載する（758条8号ロ、763条1項12号ロ）。ここで記載しておけば財源規制はない（792条2号、812条2号）。剰余金の配当に際して準備金の計上が必要という規制も適用されない。なお、会社分割の後に剰余金の配当を行う場合は、剰余金の配当についての規制に服する。

　新設分割計画においては、分割に関する事項に加えて設立会社に関する事項（目的、商号、本店所在地、発行可能株式総数、新設会社の定款で規定する事項、設立時取締役など）の記載が必要である（763条1項1号〜3号）。

b　事前の開示・事後の開示

　吸収分割・新設分割の各当事会社は、事前開示として、分割対価の相当性をはじめ施行規則で定める事項を記載した書面（または電磁的記録）を本店に備え置かなければならない（782条1項、794条1項、803条1項、施行規則183条、192条、205条）。株主・会社債権者は、閲覧・謄本（または抄本）の交付の請求をすることができる。

分割会社・承継会社・新設会社は、事後開示をしなければならない（791条、801条、811条、815条）。各当事会社における反対株主等の買取請求手続の経過、会社債権者異議手続の経過なども開示の要がある。事後開示の場合の閲覧等の請求権者は、株主・会社債権者その他の利害関係人である。「その他の利害関係人」が規定されているのは、分割会社の労働者、継続的供給義務者などを含める趣旨である。

c　会社債権者異議手続

　分割会社の債権者は、分割後においても分割会社に請求できる場合は、原則として異議を述べることができない。異議手続は、分割後に承継会社・新設会社に対してのみ請求することのできる債権者に限られる（789条1項2号、810条1項2号）。このように定められているのは、分割会社は分割の対価を得るので、その資産総額は変わらないからである。ただし、剰余金の配当などが行われる場合は、分割会社の全債権者が異議を述べることができる（上記各条項のカッコ書）。

　一方、承継会社の債権者については、すべての債権者について異議手続が認められる（799条1項2号）。この場合の債権者は、吸収合併における存続会社の債権者と同様の地位にあるからである。

　異議を述べることのできる期間は1カ月以上である。官報公告に加えて、日刊新聞紙による公告または電子公告を行った場合は、知れている債権者への各別の催告は不要である。ただし、分割会社の不法行為債権者に対しての各別の催告を省略す

ることはできない（789条3項カッコ書、810条3項カッコ書）[9]。

d　労働契約の特例

　労働者保護のため特別の規制がある。平成12年商法改正附則5条1項により、会社分割をする会社は、労働契約承継法の規定による通知をすべき日までに労働者と協議しなければならない（いわゆる5条協議）。附則5条による協議などがまったく行われなかったときは、当該労働者は自己の労働契約承継の効力を争うことができる（分割無効の訴えによることを要しない）とされる（2001年、判例百選93事件、商法判例集Ⅰ－172）。

　労働契約承継法は、まず承継対象の事業に主として従事している労働者の労働契約を承継会社等（承継会社または新設会社）が承継する旨の定めが分割契約等にある場合は、分割の効力が生じた日に承継される旨を定める（労働契約承継法3条）。そして承継対象の事業（図表10－1のQ部門）に主として従事している労働者の労働契約が吸収分割契約または新設分割計画に記載されない場合は、当該労働者は異議申出期限日までに異議を申し出ることができる旨を規定する。異議を申し出たときは、当該労働者の労働契約は承継される（同法4条）。

　上記以外の部門（図表10－1のP部門）の労働者で、その労働契約がB会社に移ることとなっている場合は、当該労働者は

---

[9] 不法行為債権者について各別の催告を要するとしているのは、分割会社との間で継続的な関係がないとみられることから、各別の催告がないと気がつかないまま催告期間を経過してしまうおそれがあることや、契約債権者の場合には講じうるような自衛手段がとりえないからである。

期限までに異議を申し出ることができる。その場合は、当該労働者の労働契約は承継されない（同法5条）。

(4) 会社分割の差止め・無効

一定の場合において株主に会社分割の差止請求権が認められる（784条の2、796条の2、805条の2）。

会社分割の無効は、訴えをもってのみ主張することができる（828条1項9号10号）。提訴期間・提訴権者の制限があること、無効とする判決に対世効があること、判決の効力は遡及しないことなどは、合併の場合と同様である。

(5) 詐害的会社分割

平成26年改正において、分割会社の残存債権者を不当に害する会社分割（詐害的会社分割または濫用的会社分割といわれる）に関する規定が新たに設けられた（759条4項）。分割会社が、承継会社・新設会社に承継されない債務の債権者（残存債権者）を害することを知って会社分割をした場合には、残存債権者は、承継会社・新設会社に対して承継した財産の価額を限度として自らに直接支払うよう請求することができる（ただし、吸収分割の場合で承継会社が効力発生時に残存債権者を害すべき事実を知らなかったときを除く）。いわゆる人的分割の場合には適用はない（同条5項）。直接請求可能な期間の制限がある（同条6項）。

5 株式交換と株式移転

(1) 意　義

　株式交換・株式移転とは、ある株式会社が他の株式会社などの100％子会社（完全子会社）になる取引であり、完全親子会社関係を創出する制度である（図表10－2参照）。完全親子会社の場合は、子会社に他の株主が存在しないため、機動的かつすみやかに子会社における意思決定（株主総会決議など）ができるというメリットがある。平成11年商法改正で持株会社の設立を容易にするために導入されたが、このほか事業提携、企業買収

図表10－2　株式交換・株式移転

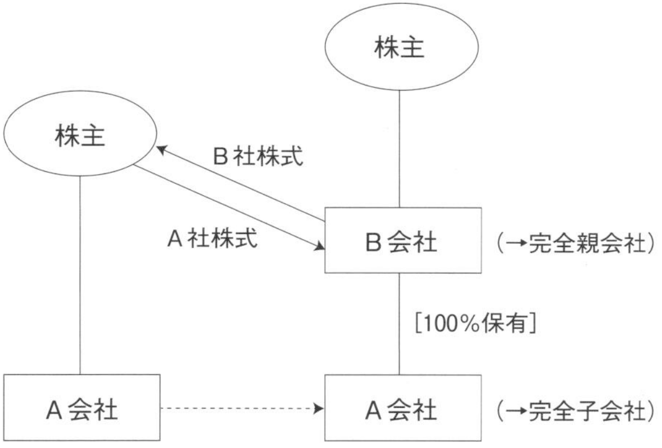

第10章　組織再編等

などのためにも用いられる。

ここで完全親会社となる会社が既存の会社（株式会社・合同会社）である場合を株式交換といい（2条31号）、新設会社（株式会社）である場合を株式移転という（同条32号）。複数の会社が共同で株式移転をすることもできる（共同株式移転）。以下では、完全親会社が株式会社の場合について述べる。

(2) 株式交換・株式移転の効果

株式交換・株式移転により完全親子会社関係が創出されるが、これにより消滅する会社はない。各当事会社の財産も変動せず、A会社の株主が完全親会社となるB会社の株主になるだけである（図表10－2）。A会社株主の、従前の会社（A会社）との関係は、親会社を通じた間接的なものとなる。

株主が変わることのみであることから、合併や会社分割の場合と異なり、会社債権者異議手続は不要とされる。ただし、完全親会社となる会社の株式（それに準ずるものとして施行規則で定めるものを含む）以外の対価が交付される場合や新株予約権付社債が承継される場合などにおいては、会社債権者異議手続が必要である（新株予約権付社債の社債権者または完全親会社となる会社の債権者）（789条1項3号、799条1項3号、810条1項3号）。

株式交換は株式交換契約で定める株式交換の日に効力が生じ（769条1項）、株式移転は新設会社の成立の日（設立登記の日）に効力が生じる（774条1項）。

(3) 株式交換・株式移転の手続等

　株式交換・株式移転の手続の概略は、以下のとおりである。
　①株式交換の場合は株式交換契約の締結、株式移転の場合は株式移転計画の作成（共同株式移転の場合は共同して作成）、②事前の開示、③株式交換の場合は各当事会社の株主総会特別決議による承認（略式手続・簡易手続の場合は例外）、株式移転の場合は完全子会社となる会社における株主総会特別決議による承認、④反対株主・一定の新株予約権者の買取請求、⑤会社債権者異議手続（一定の場合のみ）、⑥登記、⑦事後の開示。
　一定の場合に株主による差止請求の制度がある（784条の２、796条の２、805条の２）。
　株式交換・株式移転の無効は、訴えをもってのみ主張することができる（828条１項11号12号）。提訴期間・提訴権者の制限があること、無効とする判決に対世効があること、判決の効力は遡及しないことなどは、合併・会社分割の場合と同様である。無効判決が確定したときは、旧完全親会社は、取得した旧完全子会社の株式を旧完全子会社の株主に戻すことになる（844条１項）。

6 組 織 変 更

(1) 意　義

　組織変更とは、会社が法人格の同一性を保ちつつ、別の類型の会社になることである。株式会社から持分会社（合名会社・合資会社・合同会社）になること、または持分会社（合名会社・合資会社・合同会社）から株式会社になることである（2条26号）。組織変更の手続を用いれば、既存の会社の解散と新しい会社の設立の手続をとらなくとも別の組織に移行できることになる。なお、合名会社から合資会社になるなどの持分会社のなかでの変更は、組織変更ではなく持分会社の種類の変更と位置づけられ、定款の変更（総社員の同意）で可能である（637条、638条。合同会社への変更の場合の出資の履行と定款の効力発生時期につき640条）。

(2) 組織変更の手続

a　株式会社から持分会社への組織変更

　組織変更計画で所要の事項を定めなければならない（744条1項）。組織変更計画では合名会社、合資会社、合同会社のいずれになるかを定め、それに応じて社員の責任の別を定めなければならない。組織変更をする株式会社の株主に、組織変更後

の持分会社の持分のほかに金銭等を交付する場合は、それに関する事項を定める（744条1項5号）。

組織変更は、出資者および会社債権者の利害に大きくかかわる。会社内部の手続としては、事前の開示手続（775条）を経て総株主の同意を得る（776条1項）。会社債権者異議手続が必要であり、異議を述べた会社債権者に対しては、弁済・担保の提供などをしなければならない（779条）。

組織変更をする株式会社は、効力発生日に持分会社になる（745条1項）。効力発生日に、組織変更計画に定めた一定の事項について定款の変更をしたものとみなされる（745条2項）。

b 持分会社から株式会社への組織変更

組織変更計画で所要の事項を定め（746条）、定款で別段の定めがある場合を除き、総社員の同意を得る（781条1項）。会社債権者異議手続が必要である（781条2項。合名会社・合資会社からの組織変更の場合は必ず各別の催告を要する）。効力の発生・定款のみなし変更については、a と同様である。

(3) 登記・無効

組織変更の効力が生じた日から2週間以内に、組織変更前の会社の解散の登記をし、組織変更後の会社の設立の登記をする（920条。解散・設立の登記は形式上のものである）。

組織変更の無効の訴えの制度がある（828条1項6号、同条2項6号、834条6号、835条〜839条、846条）。無効判決が確定すると、組織変更前の会社に復帰する。

7 特別支配株主の株式等売渡請求

(1) 意　義

　特別支配株主の株式等売渡請求は、平成26年改正によって新設された制度である。いわゆるキャッシュ・アウトの方法の1つである[10]。機動的な事業再編などのために残存株主の締出しに合理性のあることを考慮して、新しく導入された（一問一答（2014）209頁参照）。この制度の対象会社（株式売渡請求に係る株式の発行会社）は、公開会社に限定されない。

　合併などの組織再編行為は会社によって行われるものであるが、この売渡請求は特別支配株主のイニシアティブによって行われる（株主総会の開催不要）。特別支配株主とは、直接間接に、ある株式会社の議決権の90％（定款で引上げ可）以上を保有する株主をいう（179条1項、会社には限定されない）。

　特別支配株主は、当該株式の発行会社（対象会社）の株主全員に対して、保有株式の全部を売り渡すことを請求することができる（179条1項、株式売渡請求）。ここで「請求することがで

---

[10] キャッシュ・アウトの方法としては、このほか金銭を対価とする株式交換、全部取得条項付種類株式の取得および株式併合がある。これらは、いずれも株主総会の特別決議による方法である（金銭を対価とする略式株式交換の場合は不要）。

きる」とは、資格がある者による有効な請求であれば残存株主の意思にかかわらず、取得日にその持株が請求者（特別支配株主）に実体法上移転することを意味する[11]。

株式売渡請求をする場合に、あわせて対象会社の新株予約権者の全員に対して、その保有する新株予約権の全部を売り渡すことを請求することができる（新株予約権売渡請求。新株予約権のみに対する売渡請求はできない。あわせて株式等売渡請求という）（179条2項）。新株予約権が新株予約権付社債に付されたものである場合は、あわせて社債の全部の売渡しを請求しなければならない（同条3項）。ただし、新株予約権付社債の発行の際に別段の定めをすることができる。

(2) 手続・効力発生等

特別支配株主が株式等売渡請求をしようとする場合には、対象となる株式等の対価として交付する金銭の額または算定方法、その割当てに関する事項、売渡株式等を取得する日（取得日）などを決定する（179条の2第1項）。対価は金銭に限定されている。ここで売渡株式等とは、売渡株式および売渡新株予約権である（同項5号）。

また、対象会社に通知し、その承認を得ることが必要である（179条の3第1項）。対象会社の取締役（会）の関与が義務づけられているのは、売渡株主等（売渡株主・売渡新株予約権者）の

---

11 齊藤真紀「キャッシュ・アウト」（ジュリストNo.1439、2012年4月）

利益保護の観点によるものである。対象会社は、承認するか否かの決定をしたときは特別支配株主に通知する（同条4項）。株式等売渡請求の撤回は、取得日の前日までに対象会社の承諾を得た場合に限って可能である（179条の6第1項）。

対象会社がこの承認をしたときは、対象会社は取得日の20日前までに売渡株主等に所定の事項を通知しなければならない（179条の4第1項）。売渡株主以外に対する通知は、公告でかえることができる（同条2項）。振替株式を発行している会社は、この通知にかえて公告をしなければならない（振替法161条2項）。この通知・公告により、売渡株主等に対して株式等売渡請求がされたものとみなされる（179条の4第3項）。通知・公告の費用は、特別支配株主が負担する（同条4項）。

対象会社には事前の開示が求められる（179条の5第1項）。対象会社は、売渡対価総額の相当性、支払資金の確保の方法とその相当性、売渡対価の交付の見込みに関する対象会社の取締役の判断などを開示する（施行規則33条の7）。

株式等売渡請求をした特別支配株主は、取得日に売渡株式等の全部を取得する（179条の9第1項）。

対象会社は、取得日後遅滞なく、取得した株式・新株予約権の数などの事項を記載した書面を本店に備え置き、売渡株主等であった者は閲覧等の請求ができる（事後の開示。179条の10第1項～3項、施行規則33条の8）。

(3) 売買価格決定の申立て

売渡株主等は、取得日の20日前から取得日の前日までの間、裁判所に対して売渡株式等の売買価格の決定の申立てをすることができる（179条の8第1項）。特別支配株主の設定した価格に不満のある場合の措置である。特別支配株主は、裁判所の決定があるまで、売渡株主等に対して自らが公正な売買価格と認める額を支払うことができる（179条の8第3項）。これは、利息負担を軽減するための方策である。

(4) 差止め・無効

株式売渡請求が、①法令に違反する場合、②一定の手続違反の場合、③売渡株式の売買価格・金銭の割当てが著しく不当である場合において、売渡株主が不利益を受けるおそれがあるときは、売渡株主は特別支配株主に対して株式等売渡請求に係る売渡株式等の全部の取得をやめるよう請求することができる（179条の7第1項）。売渡新株予約権者についても同様である（同条2項）。

株式等売渡請求における売渡株式等の全部の取得の無効は、訴えをもってのみ主張することができる（846条の2第1項）。無効事由は規定されておらず、解釈にゆだねられる。被告は特別支配株主である（846条の3）。提訴期間の定めがあり（取得日から6カ月以内。対象会社が非公開会社の場合は1年以内）、提訴権者の制限がある（846条の2第1項2号）。無効とする判決

は対世効があり（846条の7）、その効力は将来に向かって生ずる（遡及しない。846条の8）。

事項索引

B
Bubble Act ·················· 20, 21

い
委員会設置会社 ········ 96, 128
委員会設置型の会社 ····· 97, 98
一人会社 ····················· 4

う
ウェブ開示 ···················· 224
ウォールストリート・
　ルール ···················· 112
打切り発行 ···················· 179
売主追加請求権 ············· 85
売渡株式等 ···················· 281
売渡株主等 ···················· 281

え
エクイティ・クッション ···· 56
エクイティ・リンク債 ······ 191
延期 ·························· 107

お
親会社社員 ···· 75, 109, 137, 224

か
買入消却 ······················ 196
開業準備行為 ·················· 50
会計 ·························· 214
会計慣行 ······················ 215

会計監査人 ················ 97, 138
会計監査人設置会社 ······ 223,
　　　　　　　　　　226, 233
会計監査人の監査 ············ 223
会計監査人の資格 ············ 138
会計監査人の選任・解
　任・不再任 ··············· 138
会計監査人の任期 ············ 139
会計監査人の報酬等 ········· 139
会計監査報告 ················· 139
会計基準 ······················ 215
会計原則 ······················ 215
会計参与 ······················ 136
会計参与の資格 ·············· 136
会計参与報告 ················· 136
会計帳簿 ······················ 216
会計帳簿の提出命令 ········· 218
解散 ·························· 242
解散事由 ······················ 243
解散判決 ······················ 243
解散命令 ······················ 243
会社債権者異議手続 ······· 252,
　　　　　263, 270, 272, 276, 279
会社の継続の登記 ············ 244
会社の不成立 ·················· 51
会社の不存在 ·················· 51
会社分割 ······················ 267
買取口座 ······················ 261
外部資金 ······················ 168
額面株式 ······················· 54

事項索引　285

仮装払込み ……………… 182
合併 …………………………… 255
——の効力発生日 …… 255, 264
——の対価 ………………… 256
合併契約 ……………………… 258
合併比率 ……………… 258, 266
合併無効の訴え …………… 265
株券 …………………… 69, 77, 79
株券失効制度 ………………… 70
株券発行会社 ……… 70, 77, 82
株券不所持制度 ……………… 70
株券不発行会社 ………… 70, 83
株式 ……………………… 7, 54
——の共有 ………………… 54
——の消却 ………………… 63
——の上場 ………………… 169
——の譲渡 ………………… 7, 77
——の譲渡性 ……………… 7
——の引受け ……………… 44
——の不可分性 …………… 54
——の分割 ………………… 65
——の併合 ………………… 63
株式移転 …………………… 275
株式移転計画 ……………… 277
株式売渡請求 ……………… 280
株式会社の基本的特質 …… 4, 5
株式会社の継続 …………… 244
株式買取請求権 …………… 80,
239, 254, 260
株式交換 …………………… 275
株式交換・株式移転無効
　の訴え ………………… 277
株式交換契約 ……… 276, 277

株式合資会社 …………… 17, 35
株式等売渡請求 … 250, 280, 281
——の撤回 ………………… 282
株式取引所条例 …………… 31
株式分割無効の訴え ……… 274
株式無償割当て …………… 66
株主 ………………………… 6, 54
——の監督是正権 ………… 58,
159, 160
——の共同の利益 ………… 107
——の提案権 ……………… 102
株主間契約 ………………… 40
株主資本 …………………… 220
株主資本等変動計算書 …… 221
株主総会 ……………… 97, 100, 106
——の議事運営 …………… 106
——の決議 ………………… 108, 109
——の権限 ………………… 100
株主総会決議の取消しの
　訴え …………………… 110
株主総会決議不存在・無
　効の確認の訴え ……… 110
株主総会参考書類 ………… 106
株主代表訴訟 ……………… 159
株主平等の原則 ………… 60, 61
株主名簿 ………………… 72, 74
株主名簿管理人 ……… 74, 186
株主割当て ……………… 172, 177
株主割当増資 ……………… 172
仮払い ……………………… 262
簡易手続（会社分割）…… 270
——（合併）……………… 260
——（株式交換・株式移

転）………………… 277	疑似発起人 ………………… 41
──（事業譲渡等）……… 253	基準日 ………………… 75,232
勧告的決議 ………………… 101	議事録 ……………………… 153
監査委員 ……………… 129,130	議事録（株主総会）……… 109
監査委員会 …………… 128,130	──（社債権者集会）…… 206
監査等委員 ………………… 133	──（取締役会）………… 117
監査等委員会 ………… 134,148	議題の提案権 ……………… 102
監査等委員会設置会社 …… 96, 132	議長（株主総会）………… 106
	──（取締役会）………… 117
監査報告 ……………… 125,224	キャッシュ・アウト …… 64, 93,250,280
監査役 ……………… 97,123,246	
──の意見陳述義務 …… 126	キャッシュアウト・マージャー ………………… 257
──の一般的義務 ……… 126	
──の解任 ……………… 124	吸収合併 …………………… 255
──の権限 ……………… 125	吸収合併等 ………………… 257
──の任期 ……………… 124	吸収分割 …………………… 267
──の報酬等 …………… 125	吸収分割契約 ………… 268,269
監査役会 …………… 123,124,125	旧商法 ……………………… 34
監視義務 …………………… 141	休眠会社 …………………… 244
間接損害 …………………… 156	共益権 ………………… 55,58,59
間接取引 …………………… 146	競業取引 …………………… 145
完全親子会社関係 ………… 275	競業避止義務 ……………… 254
	共同株式移転 ……………… 277
き	共同新設分割 ……………… 267
議案の提案権 ……………… 102	共同訴訟人 ………………… 162
議案要領通知請求 ………… 103	業務執行者 ………………… 235
機関 ………………………… 96	業務執行取締役 …………… 113
機関設計 …………………… 96	業務執行取締役等 …… 120,155
議決権 ………………… 58,104	共有株式 …………………… 54
──の代理行使 ……… 105,206	拒否権付種類株式 ………… 93
──の不統一行使 …… 106,206	金銭分配請求権 ……… 233,247
議決権行使書面 …………… 106	
議決権制限種類株式 ……… 90	

事項索引　287

く

クラス・ボーティング制
　度 94
繰上償還 196

け

経営判断の原則 152
計算 214
計算関係書類 219
計算書類 219
計算書類等 219
計算書類等の承認 224
欠格事由（会計監査人）.... 138
――（会計参与）............ 136
――（監査役）............... 124
――（執行役）............... 131
――（取締役）............... 114
決議執行者（社債権者集
　会）................................ 207
決算公告 225
決算報告 248
欠損填補 229,230
検査役 43,47,104,188
減資 228,229
原始定款 41
現物出資 43
現物配当 233
権利株 78

こ

公開会社 99
公開買付け 11,12,85
口座管理機関 71

合資会社 3,38
行使条件（新株予約権）.... 185
公証人 41
公正な価格 261
合同会社 3,38
後配株式 89
公平・誠実義務 201
公募増資 173
合名会社 3,38
合理的無関心 111
コーポレート・ガバナン
　ス 11,122,240
コーポレートガバナン
　ス・コード 97,145
コール・オプション 183
コール・オプション条項 ... 211
国立銀行条例 30
個別株主通知 73
個別注記表 221
コマーシャル・ペーパー ... 71,
　　　　　　　　　　190,197
混合株式 90

さ

財産引受け 43
財産目録等 247
再審の訴え（株主代表訴
　訟）................................ 164
最低資本金制度 38,39
最低責任限度額 154
裁判所の認可（社債権者
　集会）............................ 207
財務上の特約 57,201

裁量棄却 ·················· 110
詐害的会社分割 ············ 274
差止め（合併） ············ 265
―― （株式等売渡請求） ···· 283
―― （株式併合） ············ 65
―― （株主） ················ 165
―― （監査委員） ·········· 130
―― （監査等委員） ········ 133
―― （監査役） ············ 126
―― （全部取得条項付種
　　類株式） ················ 93
三角合併 ·················· 257
残存債権者 ················ 274
残余権 ················ 8, 56, 116
残余権者 ···················· 8
残余財産の分配 ········ 58, 247

し

自益権 ················ 55, 58, 59
事業譲渡等 ············ 251, 252
事業の譲渡等 ·········· 250, 251
事業報告 ·················· 221
自己株式 ·················· 63,
　　66, 68, 84, 105, 177, 220
――の取得 ········ 84, 214, 231
――の処分 ······ 63, 86, 171, 180
事後設立 ·············· 251, 254
事後の開示（会社分割） ···· 271
―― （合併） ·················· 264
―― （株式交換・株式移
　　転） ···················· 277
―― （株式等売渡請求） ···· 282
―― （株式併合） ············ 65

―― （全部取得条項付種
　　類株式） ················ 93
市場取引等 ················ 85
事前の開示（会社分割） ···· 271
―― （合併） ·················· 258
―― （株式交換・株式移
　　転） ···················· 277
―― （株式等売渡請求） ···· 282
―― （株式併合） ············ 65
―― （全部取得条項付種
　　類株式） ················ 93
―― （組織変更） ·········· 279
質権 ······················ 82
質権設定者 ················ 82
執行役 ·············· 128, 131
執行役員制度 ·············· 114
指定買取人 ················ 80
支配株主 ············ 175, 186
四半期配当 ················ 232
資本金 ···················· 227
――の額の減少 ············ 228
――の額の減少の無効の
　　訴え ···················· 229
資本準備金 ················ 228
指名委員会 ·········· 128, 130
指名委員会等 ·············· 128
指名委員会等設置会社 ······ 96,
　　　　　　　　　　　　128
社外監査役 ················ 124
社外取締役 ·········· 120, 135
――の設置 ················ 121
社債 ················ 55, 190
――の管理 ················ 198

事項索引　289

——の元利金の減免 ……… 204
——の種類 …………… 195, 204
社債管理者 ……… 198, 199, 210
社債管理者の解任 ………… 203
社債管理者の辞任 ………… 203
社債管理の委託契約 ……… 200
社債券 ………………… 197
社債権者集会 ……………… 36,
　　　　　　　　198, 203, 211
——の決議 ……………… 206
——の決議事項 …………… 204
——の目的事項 …………… 206
社債原簿 …………… 194, 195
社債発行会社 ……………… 195
従業員持株制度 …………… 82
重要な業務執行 …………… 119
授権株式数 ………………… 42
出資の履行 …………… 45, 179
取得条項付株式 …… 88, 92, 239
取得請求権付株式 ………… 88
取得請求権付種類株式 ……… 91
種類株式 …………………… 88
種類株式発行会社 ………… 67,
　　　　　　　　　　70, 71, 72
種類株主総会 ……… 93, 94, 239
純資産額 ………… 39, 232, 235
準則主義 … 10, 21, 23, 25, 35, 38
準備金 ……………………… 227
——の額の減少 …………… 230
常勤監査役 ………………… 124
商号 ………………………… 42
招集（株主総会） ………… 101
——（社債権者集会） ……… 205

——（取締役会） ………… 117
招集通知（株主総会） …… 102
——（取締役会） ………… 117
少数株主権 ………………… 58
少数株主権等 ……………… 73
（株式の）譲渡制限
　契約による譲渡制限 …… 82
　定款による譲渡制限 …… 79
　法律による譲渡制限 …… 78
譲渡制限株式 …… 71, 79, 80, 88
譲渡制限株式等 ……… 259, 260
譲渡等承認請求者 ………… 80
使用人兼務の取締役 … 115, 150
消滅会社 ………………… 255
剰余金 …………………… 231
剰余金の配当 ……………… 39,
　　　　　58, 214, 231, 234, 271
職務執行状況の報告 ……… 118
書面決議（株主総会） …… 109
——（取締役会） ………… 117
書面による議決権の行使
　…………………… 105, 206
新株発行 ………………… 171
新株発行等の不存在確認
　の訴え ………………… 181
新株発行等の無効の訴え … 181
新株予約権 ……………… 183
——の買取請求 …………… 262
——の譲渡 ……………… 187
——の内容 ……………… 184
新株予約権売渡請求 ……… 281
新株予約権原簿 ……… 186, 187
新株予約権証券 ……… 185, 187

新株予約権付社債 ············ 208
新株予約権付社債券 ········ 210
新株予約権発行の不存在
  確認の訴え ················· 189
新株予約権発行の無効の
  訴え ·························· 189
新株予約権無償割当て ······ 187
新商法 ···························· 35
新設合併 ······················· 255
新設合併等 ···················· 257
新設分割 ······················· 267
新設分割計画 ············ 268, 269
人的分割 ······················· 269

す
ストック・オプション ······ 150

せ
清算 ························ 242, 245
清算株式会社 ············ 242, 245
清算株式会社の機関 ········ 245
清算結了の登記 ·············· 248
清算手続 ······················· 242
清算人 ····················· 245, 248
清算人会 ······················· 246
清算人会設置会社 ··········· 247
清算の開始 ···················· 245
清算の結了 ···················· 242
責任限定契約 ················· 155
責任追及等の訴え ··········· 159
説明義務（株主総会）······· 107
設立時監査役 ········· 46, 47, 52
設立時代表取締役 ········ 46, 48

設立時取締役 ········· 46, 47, 52
設立時発行株式 ·········· 39, 44
設立時募集株式 ··· 42, 44, 46, 52
設立時役員等 ·················· 46
設立中の会社 ·················· 49
設立の登記 ····················· 48
設立無効の訴え ················ 50
善管注意義務（会計監査
  人）·························· 140
──（会計参与）············· 137
──（監査役）················· 126
──（社債管理者）··········· 201
──（取締役）················· 141
全部取得条項付種類株式 ···· 92

そ
総額引受け ··············· 192, 194
総株主通知 ······················ 72
相互保有株式 ················· 105
増資 ····························· 170
総数引受契約 ··········· 179, 186
創立総会 ··············· 39, 46, 47
組織再編 ······················· 250
組織変更 ················· 250, 278
──の無効の訴え ············ 279
組織変更計画 ················· 278
続行 ····························· 107
損益計算書 ···················· 220
存続会社 ······················· 255

た
大会社 ···························· 98
第三者割当て ················· 173

事項索引　291

貸借対照表等式 …………… 219	忠実義務 ………… 126,142,144
対象会社 ……………… 280	帳簿閲覧請求権 …………… 216
──の承認 …………… 281	直接損害 ……………… 156
退職慰労金 …………… 150	直接取引 ……………… 146
対世効（会社分割）……… 274	
──（合併）………… 266	**て**
──（株式交換・株式移転）…………… 277	定款 ……………………… 41
──（株式等売渡請求）…… 284	──の記載事項 …………… 41
──（株主総会決議）…… 110	──の作成 ……………… 40
──（資本金の減少）…… 230	──の備置き・閲覧 ……… 44
──（新株発行等）……… 181	──の変更 ……………… 238
──（設立）……………… 51	定足数 ……………… 108
代表執行役 ……………… 131	デラウェア州法 …………… 26
代表社債権者 …………… 207	転換価額 ……………… 211
代表清算人 ………… 247,248	──の修正条項 …………… 211
代表取締役 ………… 113,119	──の調整条項 …………… 211
代表取締役の解職 ……… 117,118,120	転換社債 ……………… 36
代表取締役の選定 ………… 118	転換社債型新株予約権付社債 ……… 169,190,191,208
多重代表訴訟 …………… 164	電子公告 ……………… 225
単元株式数 ……………… 67	
単元株制度 ……… 67,105,239	**と**
単元未満株式 ……… 67,68,70	登録質 ……………… 82
単元未満株式売渡請求 …… 68	特殊の決議 ……… 108,239,259
単元未満株主 ……… 68,160	特定責任 ……………… 164
単独株主権 ……………… 58	特定責任追及の訴え ……… 164
担保附社債信託法 …… 36,192	特定引受人 ……………… 175
担保提供命令 ……… 162,181	特別決議 ………… 108,238
	特別支配会社 …………… 259
ち	特別支配株主 …………… 280
中間配当 ……………… 234	取締役 …………………… 97,113
中間発行増資 …………… 172	──の員数 ……………… 114
	──の解任 ……………… 115

――の責任（対会社）…… 151
――の責任（対第三者）…… 155
――の選任 ………………… 114
――の任期 ………………… 115
――の報酬等 ……………… 149
――の利益相反行為 ……… 145
取締役会 ……………… 97, 116
取締役会設置会社 ……… 100,
　　　　　　　　 102, 113, 116
取締役会の決議事項 ……… 118

な
内部資金 …………………… 168
内部統制システム ………… 141

に
任意積立金 ………………… 228
任務懈怠 …………………… 151
任務懈怠責任 ……………… 151

は
発行可能株式総数 ………… 42,
　　　　　　　　　　 64, 65, 171
発行可能種類株式総数 …… 89
発行の差止め（募集株
　式） ……………………… 180
――（募集新株予約権）…… 189
払込金保管証明書 ………… 46
払込取扱機関 ……………… 45
払込取扱場所 ……………… 188

ひ
東インド会社 ……………… 14

非公開会社 ………………… 99
非取締役会設置会社 ……… 100,
　　　　　　　　　　　 102, 113
表見代表取締役 …………… 120

ふ
不足額填補責任 …………… 51
附属明細書 ………………… 222
普通株式 …………………… 87
普通決議 …………………… 108
普通社債 …………………… 191
物的分割 …………………… 269
プット・オプション条項 … 211
不提訴理由書 ……………… 161
不法行為債権者 ……… 263, 272
フランス商法典 …………… 17
振替株式 ……… 64, 71, 83, 282
振替機関 …………………… 71
振替口座簿 ……………… 72, 197
振替社債 ……………… 197, 206
振替新株予約権 …………… 187
振替新株予約権付社債 …… 210
振替制度 ………………… 71, 197
分配可能額 … 229, 230, 232, 234

へ
変態設立事項 …………… 43, 47

ほ
包括承継 …………………… 255
報酬委員会 ……… 128, 130, 149
法人格 ……………………… 5
――の消滅 ……………… 242, 248

法人格否認の法理 ……… 5, 156
法定権限 …………………… 200
補欠取締役 ………………… 116
募集株式 …………………… 171
募集株式の発行等 ……… 171, 174, 180
募集事項 …………………… 178
――（募集株式）………… 174
――（募集社債）……… 200, 201
――（募集新株予約権）…… 185
募集社債 …………………… 192
募集新株予約権 ……… 185, 209
募集設立 …………………… 38
発起設立 …………………… 38
発起人 …………………… 40, 49
――の報酬 ………………… 43
発起人組合 ………………… 49

ま
満期一括償還 ……………… 196

み
みなし解散 ………………… 244

む
無額面株式 ………………… 54
無限責任社員 ………… 38, 268

め
銘柄統合 …………………… 195
名義書換え ……… 73, 75, 77, 78

も
申込者 …………… 179, 186, 194
目論見書 ……………… 178, 194
持分会社 …………… 3, 256, 278
模範事業会社法 …………… 27

や
約定権限 …………………… 201

ゆ
有価証券報告書 … 150, 225, 226
有限会社 …………………… 2
有限会社法 ………………… 2, 36
有限責任 …………………… 6, 10, 15, 21, 25, 34, 57
有限責任社員 ……………… 38
優先株式 …………………… 89
有利発行 …… 171, 176, 188, 212

ら
ライツ・オファリング …… 172, 187

り
利益供与 ………………… 61, 153
利益相反行為 ……………… 202
利益相反取引 ……………… 146
略式質 ……………………… 82
略式手続（会社分割）……… 270
――（合併）…………… 259, 260
――（株式交換・株式移転）………………………… 277
――（事業譲渡等）………… 252

臨時計算書類 ………………… 225
臨時決算日 …………………… 225

る
累積投票制度　　　　115, 124

れ
劣後株式 ……………………… 89

連結計算書類 ……………… 226

ろ
労働契約承継法 …………… 273
ロエスレル草案 …………… 34

■著者略歴■

栗原　脩（くりはら　おさむ）

1968年　東京大学法学部卒業
同　年　株式会社日本興業銀行入行
　　　　同行 取締役証券部長、興銀証券株式会社 常務取締役などを経て
2003年10月　弁護士登録

このほか明治大学法科大学院、明治大学法学部、信州大学法科大学院などで「金融商品取引法」「コーポレートガバナンス」「企業金融と法」などの講義を担当

著書：『新しい金融のフレームワーク』（中央公論事業出版、2004年）、『KINZAIバリュー叢書 コーポレートガバナンス入門』（金融財政事情研究会、2012年）、『KINZAIバリュー叢書 金融商品取引法入門』（金融財政事情研究会、2013年）

KINZAIバリュー叢書
会社法入門

平成27年12月11日　第1刷発行

著　者　栗　原　　　脩
発行者　小　田　　　徹
印刷所　株式会社日本制作センター

〒160-8520　東京都新宿区南元町19
発　行　所　一般社団法人 金融財政事情研究会
　編　集　部　TEL 03(3355)2251　FAX 03(3357)7416
販　　　売　株式会社きんざい
　販売受付　TEL 03(3358)2891　FAX 03(3358)0037
　　　　　　URL http://www.kinzai.jp/

・本書の内容の一部あるいは全部を無断で複写・複製・転訳載すること、および磁気または光記録媒体、コンピュータネットワーク上等へ入力することは、法律で認められた場合を除き、著作者および出版社の権利の侵害となります。
・落丁・乱丁本はお取替えいたします。定価はカバーに表示してあります。

ISBN978-4-322-12830-7